Die letzten Wildnisse

in Deutschland, Österreich und der Schweiz

DIE LETZTEN WILDNISSE DEUTSCHLANDS, ÖSTERREICHS UND DER SCHWEIZ

Einen Skulpturenpark sondergleichen grub die Elbe ins weiche Elbsandsteingebirge der Sächsischen Schweiz. Felsnadeln und Schluchten bilden hier eine geheimnisvolle Kulisse.

ZU DIESEM BUCH

Mitteleuropa ist eine »kultivierte« Region: Über viele Generationen hinweg haben wir unsere »wilden« Landschaften mitsamt ihrer Fauna und Flora nach unserem Willen gestaltet und uns untertan gemacht. Flüsse und Bäche wur-

den begradigt, Wälder gerodet, die Urgewalten der Meere eingedämmt, Seen und Sümpfe trockengelegt, wilde Tiere vertrieben oder gar ausgerottet. Wo die Germanen Auerochsen jagten, wo Luchs und Bär ungestört umher-

streifen konnten, wo tiefe Moore und dunkle Urwälder sich unendlich dehnten, finden wir heute ausufernde Stadtlandschaften, betonierte Autobahnen, Industriebrachen und überdüngte Ackerflächen. Doch mehr und mehr reift die Erkenntnis, dass wir die Natur missbraucht haben – zu unserem eigenen Nachteil. National- und Naturparks werden eingerichtet, Hunderte Naturschutzgebiete ausgewiesen – Oasen für die Regeneration einer geschundenen Wildnis. Und mit Staunen sehen wir, dass die Natur die entwendeten Gebiete zurückerobert und alte Wildnis neu entsteht. Biber, Wolf und Wisent kehren zurück und werden wieder zu Nachbarn. Wir freuen uns.

INHALT

Das Wattenmeer der Nordsee ist ein einzigartiger Lebensraum, der nicht nur einer Fülle von Lebewesen ein Zuhause bietet, sondern auch zugleich als Balsam für zivilisationsmüde Seelen wirkt.

INHALT

Zwischen den Orten Orbe und Vallorbe hat der Fluss Orbe eine malerisch schöne Schlucht geschaffen. Sie gehört zum Schweizer Naturpark Jura vaudois.

INHALT

2206 Meter hoch ist der Schiestelnock im österreichischen Biosphärenpark Kärntner Nockberge. Am frühen Morgen ist die Landschaft zu seinen Füßen in Nebel gehüllt.

DEUTSCHLAND

Bei manchen Landschaften möchte man glauben, Riesen hätten sie geschaffen. Das Elbsandsteingebirge etwa, bei dem die Erosion in den Jahrmillionen bizarre Formen in die Felsen geschliffen hat, inspirierte so manchen Künstler und Dichter. Es bleibt nicht die einzige Landschaftsform Deutschlands, die Sagen und Mythen hervorgebracht hat. So liebte Johann Wolfgang von Goethe den Harz und Theodor Storm die Küste.

HELGOLAND

HELGOLAND: NATURSCHUTZGEBIET LUMMENFELSEN

Basstölpel, Trottellummen, Seehunde und der Europäische Hummer (unten) finden auf der Insel
mit der »Langen Anna« (links) und in den Gewässern rundherum geschützte Bereiche.

Trutzig ragt die rote Insel aus dem Meer. Doch in Wahrheit besteht Deutschlands Vorposten in der Nordsee aus weichem Gestein. Und so haben Wind und Wellen Helgoland über die Jahrhunderte ein einzigartiges Aussehen gegeben. Markantes Symbol dafür ist ihr Wahrzeichen, die »Lange Anna«, eine fast 50 Meter hohe Felsnadel aus Buntsandstein, die vor den steilen Klippen aus dem Meer ragt. Bis im Jahr 1860 war sie noch über einen Bogen mit der Insel verbunden, der jedoch während einer Sturmflut einstürzte. Die exponierte Lage, 40 Kilometer von der deutschen Küste entfernt, beschert Helgoland ein einzigartiges, mildes Klima mit einer reinen Luft, die Allergiker aufatmen lässt. Die steilen Wände des »Oberland« bieten zahlreichen Seevogelarten die einzige Brutmöglichkeit in Mitteleuropa.

Basstölpel brüten auf Helgolands Lummenfelsen ebenso wie die dem Fels den Namen gebenden
Trottellummen mit ihrem schwarzen Gefieder.

Eines der Highlights der Insel Helgoland ist der Lummenfelsen, mit 1,1 Hektar Fläche das kleinste Naturschutzgebiet Deutschlands. In der rund 50 Meter hohen Felswand brüten im Frühjahr Tausende von Seevögeln. Am spektakulärsten geht es im Juni zu. Denn dann stürzen sich Tausende junger Trottellummen in die Tiefe, um ihr Leben künftig auf dem Meer fortzusetzen. Außer den Namensgebern ziehen hier auch Dreizehenmöwen, Eissturmvögel, Basstölpel und der Tordalk ihre Jungen groß. Nirgendwo sonst in Deutschland gibt es eine derart hohe Brutvogeldichte. Wie die Elternvögel sich und ihren Nachwuchs geschickt auf den schmalen Felsvorsprüngen balancieren, ist vom Klippenrandweg gut einsehbar, der auf drei Kilometern nicht nur zum Lummenfelsen, sondern auch zum Pinneberg führt.

SEEHUNDE

Im Wattenmeer der Nordsee liegt die Heimat der Seehunde. Meist verhalten sie sich gar nicht scheu und schwimmen bis an die Molen der Häfen, wo sie wie Bojen hochtreiben. Auch die Wurfplätze befinden sich in Küstennähe. Die Jungen tummeln sich schon kurz nach der Geburt im Wasser und beginnen zu tauchen. Hat eine Seehundmutter ausnahmsweise Zwillinge, so bleibt das zweite Junge oft ohne Aufsicht und beginnt zu verwahrlosen. Seinen Unmut äußert es durch plärrende Laute, die weithin zu hören sind. Diese sogenannten Heuler werden oft von Küstenbewohnern aufgezogen; sie lassen sich mit angereicherter Kuhmilch hochpäppeln. Das Wattenmeer bietet den Seehunden opulente Nahrungsgründe: Vom Butt bis zum Tintenfisch reicht die Speisepalette der Tauchjäger, die meist nachts auf Beutefang gehen. Tagsüber aalen sie sich, wenn möglich, auf Sandbänken. Auf dem Trockenen schleifen sie unbeholfen den Hinterleib nach. Im Wasser erkennt man Seehunde an ihrem schlängelnden Schwimmstil. In der Nord- und Ostsee lebt noch eine zweite Robbenart, die größere Kegelrobbe, die sich auch durch ein steileres Kopfprofil vom rundköpfigen Seehund unterscheidet. Eigentlich müsste sie »Seehund« heißen und die Schwesterart »Seekatze«.

Am Oststrand der »Düne«, einer kleinen, 1,5 Kilometer entfernten Nebeninsel von Helgoland, tummeln sich häufig die verspielt wirkenden Seehunde.

NATIONALPARK SCHLESWIG-HOLSTEINISCHES WATTENMEER

Mal strahlt diese Landschaft große Ruhe aus, dann wieder wird sie von den tobenden Elementen regelrecht durchgepeitscht. Während eben noch die endlos scheinende Weite beeindruckte, fasziniert oft schon wenig später das unmittelbare Erleben von Wind und Wetter. Deutschlands größter Nationalpark misst über 4400 Quadratkilometer und reicht von der Elbmündung bis zur dänischen Grenze. Im Mittelalter war ein großer Teil davon noch festes Land. Doch immer wieder rissen Sturmfluten Teile davon mit sich und ließen schließlich eigenwillig geformte Reste zurück: die nordfriesischen Inseln und die Halligen sowie viele kleine Sandbänke. Zweimal täglich gibt das Meer seine Beute wieder frei und legt einen Lebensraum bloß, der auf den ersten Blick unwirtlich erscheinen mag, aber eines der lebendigsten und auch sensibelsten Ökosysteme überhaupt ist.

Der weite Blick zum Horizont, das Spiel der Wolken, das ständig wechselnde Licht und die verschiedenen Farben des Meeres verleihen dem Schleswig-Holsteinischen Wattenmeer seinen Charme.

Ihr liebliches Gesicht zeigen die Inseln oft in den Abendstunden: Amrum (oben) und das Rote Kliff und der Ellenbogen auf Sylt (links).

SYLT: RANTUM-BECKEN

Vogelfreunde auf Sylt zieht es in das Rantumer Becken südlich des Hindenburgdamms. 1936 haben es die Nationalsozialisten ausheben lassen, um einen Wasserflughafen anzulegen. Später leitete man die Abwässer von Westerland in das nutzlos erscheinende Becken. Doch schon bald zeigte sich, dass die flache Wasserfläche zu einem Paradies für Seevögel wurde. So wurde das Becken 1962 renaturiert. Mit der Zeit entwickelten sich Süß- und Salzwasserlebensräume wie etwa offene Wasserflächen, Schlickflächen, Verlandungszonen, Schilf und Salzwiesen, die für die unterschiedlichsten Vogelarten wertvolle Brut- und Rastplätze sind. Auf dem etwa neun Kilometer langen Deich rund um das Becken ist ein herrlicher Wanderpfad angelegt, von dem aus man die Seevögel in aller Ruhe beobachten kann.

WESTERHEVER

Der Leuchtturm Westerheversand ist das Markenzeichen der Halbinsel Eiderstedt. Das östlich davon liegende flache Land war früher einmal eine Insel. Doch durch Eindeichung verlandete das Watt mit der Zeit, sodass Westerhever heute der nordwestliche Zipfel von Eiderstedt ist. Früher wurde das Gebiet vor allem landwirtschaftlich genutzt. Mit der Einrichtung des Nationalparks schränkte man dies stark ein, und seitdem kann man beobachten, wie sich die küstentypischen Salzwiesen immer weiter ausdehnen. Zudem ist das von Prielen durchzogene Schlickwatt zwischen Küste und Sandwatt ein Paradies für Vögel. Westlich des Leuchtturms gelangt man zum Westerheversand, eine der Küste vorgelagerte Sandbank. Von dort hat man über den Heverstrom hinweg den Blick zu einer Sandbank, auf der eine Seehundkolonie lebt.

In der Luftaufnahme des Rantum-Beckens erkennt man die Rückzugsgebiete, die von den Seevögeln bei der Brut aufgesucht werden. Hier brüten der Große Brachvogel und die Uferschnepfe.

Zu Westerhevers Wahrzeichen, dem Leuchtturm Westerheversand (links), führt ein schöner Spaziergang durch die wasserdurchzogenen Salzwiesen, die vielen Brutvögeln eine Heimat sind.

NATURPARK SCHLEI

Über gut 40 Kilometer erstreckt sich die Schlei zwischen der Stadt Schleswig und der Ostsee. Manchmal wirkt sie wie ein See, dann wieder wird sie schmal wie ein Fluss. Tatsächlich handelt es sich um einen Meeresarm, der in der Eiszeit durch abfließende Schmelzwässer geformt wurde. Gefüllt ist die Schlei mit Brackwasser, dessen Salzgehalt von Osten nach Westen stetig abnimmt. Ihre vielfältige Gestalt sorgt auch dafür, dass die Ufervegetation ständig wechselt. Ausgedehnte Röhrichtbestände folgen auf Wälder und sandige Badebuchten. Kein Wunder, dass diese reizvolle Landschaft die verschiedensten Ökosysteme beheimatet. Mehrere Teile sind unter Naturschutz gestellt worden. So etwa die Halbinseln Reesholm bei Schleswig und Oehe an der Schleimündung sowie der strandnahe Schwansener See.

NATURPARK HÜTTENER BERGE

Die Hüttener Berge erheben sich zwischen Schleswig, Rendsburg und Eckernförde. Die höchste Erhebung, der Scheelsberg, ragt immerhin mehr als 105 Meter über den Meeresspiegel hinaus. Das für diese Region außergewöhnlich wellige Relief wurde durch die Eiszeit geprägt und hat den Hüttener Bergen auch den Spitznamen »Kleiner Harz« eingetragen. In die Hügel eingebettet sind zahlreiche Seen. Die bedeutendsten sind der Bistensee und der Wittensee, der auch ein beliebtes Segelrevier ist. Die abwechslungsreiche Landschaft wird von Wäldern und sogenannten Knicks geprägt. Diese Wallhecken wurden bereits um 1770 angelegt, um Besitzungen einzukoppeln und den Wind zu brechen. Seitdem entwickelten sie sich zu Schutzräumen für Vogelarten wie etwa die Dorngrasmücke oder die Heckenbraunelle.

Junge Blässhühner warten in ihrem Nest auf die Rückkehr ihrer Elterntiere. Die Ufergebiete der Schlei mit ihrem dichten Schilfbestand bieten den Vögeln einen geschützten Lebensraum.

Weißwangengänse – aufgrund ihres Aussehens auch Nonnengänse genannt – suchen in den Wintermonaten die milderen Gefilde der Hüttener Berge auf. Links: der idyllische Bistensee.

NATURPARK WESTENSEE

Rothalstaucher (großes Bild), Mittelsäger, Graugans und Fasan (Bildleiste von oben) sind nur einige der zahlreichen am Westensee brütenden Vogelarten.

Der Naturpark Westensee, der von den Hüttener Bergen durch den Nord-Ostsee-Kanal getrennt ist, wurde durch die letzte Eiszeit geformt. In seinem Zentrum liegt, eingebettet in eine Hügellandschaft, der 6,8 Quadratkilometer große, eigenwillig geformte Westensee, der von der Eider durchflossen wird. Er bietet seltenen Tier- und Pflanzenarten in geschützten Bereichen einen Rückzugsraum. Umgeben ist er von einer reizvollen Landschaft, in der sich Wälder und Felder mit weiteren Seen und den typischen Knicks abwechseln. Ein beliebtes Wanderziel ist der 88 Meter hohe Tüteberg südlich des Westensees. Paddler schätzen den schmalen Eiderring-Kanal, der den Westensee mit dem Nord-Ostsee-Kanal verbindet. Unberührte Natur findet sich im Naturschutzgebiet rund um den Methorst- und den Rümlandteich, wo sich viele seltene Vogelarten beobachten lassen.

Wildschweine finden im Naturpark Aukrug ideale Lebensbedingungen. Einer Bache mit ihren Frischlingen sollte man als Wanderer allerdings nicht zu nahe kommen.

Alte Eichenwälder, Moore, Heide, kleine Teiche und Flüsse prägen die Landschaft des Naturparks Aukrug, der durch eiszeitliche Gletscher geformt wurde. Vom Naturpark Westensee ist er nur durch das Flüsschen Brammer Au getrennt. Die höchste Erhebung ist der 77 Meter hohe Boxberg, von dessen Spitze man einen tollen Blick über die waldreiche Landschaft hat. Gerade die vielen kleinen Gewässer sorgen für große Artenvielfalt. So brüten hier der seltene Schwarzstorch, Uhu und Rotmilan. Eine Attraktion sind die urtümlich wirkenden Heckrinder, die zur Landschaftspflege eingesetzt werden. Wanderer, Radfahrer und Reiter finden abwechslungsreiche Wege mit verschiedenen Schwierigkeitsgraden, etwa einen Lehrpfad durch die unter Naturschutz stehende Störkathener Heide oder einen Rundwanderweg durch das Viertshöher Moor.

NATURPARK HOLSTEINISCHE SCHWEIZ

Berggipfel wie in der Schweiz finden sich im Osten Holsteins natürlich nicht. Aber die 168 Meter, mit denen der Bungsberg bei Schönwalde aufwarten kann, sind für den Norden Deutschlands durchaus beträchtlich. Insgesamt aber wechseln sich hier, zwischen Kiel und Lübeck und nur wenige Kilometer von den Stränden der Ostsee entfernt, eher sanfte Hügel mit lieblichen Tälern ab. Eingestreut sind etwa 200 Seen, die zum Baden, Segeln und Paddeln einladen, aber auch bei der Vogelwelt beliebt sind. Auch in der Holsteinischen Schweiz findet man die typischen Knicks, dazu schöne alte Alleen, die zu hochherrschaftlichen Gutshöfen oder malerischen Dörfern führen. Einen besonderen Reiz hat die Gegend im Frühsommer, wenn die Hügel mit goldgelben Rapsblüten überzogen sind. Daneben ist die Holsteinische Schweiz auch eine der waldreichsten Regionen Schleswig-Holsteins. An manchen Stellen sind sogar noch urwüchsige Bruchwälder erhalten, die mit ihrem tiefen, stets nassen Boden einen besonderen Lebensraum darstellen. Man findet sie in den Naturschutzgebieten Heidmoor bei Seedorf oder Ihlsee bei Bad Segeberg. Beide können auf Wanderwegen erkundet werden. Hier leben u. a. gefährdete Tierarten wie die Teichfledermaus, der Mittelspecht oder der Moorfrosch.

Berge sucht man hier vergebens: Vielmehr geht der Name der Holsteinischen Schweiz auf den Schweiz-Trend des 19. Jahrhunderts zurück und man hoffte, mit ihm Gäste zu gewinnen.

Rotkehlchen und Schafstelze (von links) gehören zu den gefiederten Bewohnern der Holsteinischen Schweiz.

STÖRCHE

Er ist der »Meister Adebar«, und im Volksglauben bringt er als Klapperstorch die Kinder. Auch muss der Storch herhalten, wenn jemand ungelenk läuft – »wie ein Storch im Salat« – oder wenn man seinem Ärger Luft macht: »Da brat mir einer einen Storch!« Und in einigen Teilen Deutschlands bringt sogar der Storch anstelle des Osterhasen die Ostereier. Woher Redewendungen und Aberglauben stammen, mag nicht immer ganz klar sein, eindeutig sind sie aber allesamt ein Beleg dafür, dass der Storch seit Jahrhunderten der auffälligste Vogel ist, der Deutschland im Sommer aufsucht. Schon seine Nester setzt er auf markante Punkte in der Landschaft: Dächer, Schornsteine, Kirchtürme und Masten – dem Storch kann es nicht hoch genug sein. Bis zu 300 Kilogramm kann so ein Nest wiegen, das in atemberaubender Höhe balanciert. Nach Deutschland kommen vor allem die Weißstörche *(Ciconia ciconia)*, deren Flügelspanne bis zu zwei Meter beträgt. Den Winter verbringen sie im südlichen Afrika, bis sie ab März wieder gen Norden ziehen. Im Frühsommer bringen sie dann bis zu sieben Jungtiere zur Welt, die beide Elternteile, die sich ein Leben lang treu sind, aufopfernd umsorgen. Bei den Jungvögeln sind die so charakteristischen roten Schnäbel noch für einige Zeit schwarz bis grau. Erst mit zwei bis drei Jahren wird die Rotfärbung vollständig erreicht. Weißstörche benötigen unberührte Wiesen- und Sumpflandschaften im Umkreis ihres Geleges, halten aber ansonsten nicht immer Abstand zu Großstädten. Sie verständigen sich untereinander auch im Lärm der Stadt mit lautem Schnabelklappern.

FELDHASEN

Mit einem »Hasen«, wie er in deutschen Kinderzimmern vorkommt, hat der Feldhase in etwa so viel gemein wie eine Haus- mit einer Wildkatze. Es sind zwei völlig verschiedene Arten, die in der Alltagssprache häufig durcheinandergebracht werden. Sämtliche als Haustiere gehaltenen Stallhasen gehören zu den Kaninchenarten *(Oryctolagus cuniculus)*, während der Feldhase sich »Echter Hase« *(Lepus europaeus)* nennen darf und sich nicht domestizieren lässt. Und warum sollte er auch? Der Feldhase, der bis zu sechs Kilogramm auf die Waage bringen kann, fühlt sich in Wiese und Feld zu Hause und benötigt keine Streicheleinheiten durch den Menschen. Wohl aber unseren Schutz, denn die Feldhasenpopulation ist durch den Verlust ihrer natürlichen Lebensräume rückläufig. Diesem Umstand versucht der Hase durch eine – schon sprichwörtlich gewordene – Fortpflanzungsfähigkeit entgegenzuwirken. Häsinnen sind in der Lage, mehrere Embryonen in unterschiedlichen Stadien gleichzeitig auszutragen, weil sie trächtig werden können, obwohl bereits ein oder mehrere Schwangerschaften bestehen. Auch deshalb wird der Hase schon seit der Antike als Fruchtbarkeitssymbol angesehen, weshalb er im Volksglauben zu Ostern die Eier bringen darf. Zu den weiteren ungewöhnlichen Fähigkeiten gehört auch die Tatsache, dass er, Haken schlagend, bis zu 80 Stundenkilometer schnell sein und dabei auch drei Meter hoch springen kann. Zudem kann er mit seinen Augen einen Bereich von fast 360 Grad erfassen und mit seinen bis zu 15 Zentimeter langen Ohren außergewöhnlich gut hören.

Bei ihren Zügen sind Weißstörche meist Einzelgänger, zum Brüten suchen viele Paare aber häufig Anschluss zu Artgenossen und brüten in regelrechten Kolonien.

Feldhasen sind vor allem in den Stunden der Morgen- und Abenddämmerung gut zu beobachten, im Hochsommer tummeln sich konkurrierende Männchen aber auch tagsüber auf dem Feld.

REHE

Eine Enttäuschung vorweg: Walt Disneys beliebte Filmfigur »Bambi« mit seinen traurigen Rehaugen ist gar kein Reh, sondern ein Weißwedelhirsch. Diese in Nordamerika beheimatete Hirschart war den Trickfilmzeichnern nämlich viel vertrauter als das Europäische Reh *(Capreolus capreolus)*. Doch diese heimische Art der Trughirsche braucht sich nicht hinter seinen amerikanischen Verwandten zu verstecken. Rehe haben sich fast über den gesamten europäischen Kontinent ausgebreitet und verbleiben meist in der Region, in der sie auch geboren wurden. Ihr Tagesablauf ist durch Äsungsphasen bestimmt, die etwa alle zwei Stunden stattfinden und in denen das Reh die wenig gehaltvolle Nahrung aus Gräsern, Knospen und Trieben zu sich nimmt. In manchen Wäldern in Deutschland nehmen Rehe allerdings derart überhand, dass sie den Baumbestand nachhaltig schädigen. Deswegen sind erwachsene Tiere auch zu bestimmten Zeiten zur Jagd freigegeben. Ricken gebären in der Regel ein bis vier Kitze pro Jahr, die sie in den ersten Lebensmonaten säugen. Die Brunft der Böcke kann sich über Tage hinziehen. Heftige Kämpfe unter den Geschlechtsgenossen sind an der Tagesordnung, teils sogar mit tödlichem Ausgang für eines der Tiere.

Eine Ricke, ein weibliches Reh, hat eine Witterung aufgenommen und sucht mit ihrer empfindlichen Nase und ihren Augen, die ihr fast einen Rundumblick erlauben, die Gegend ab.

NATIONALPARK HAMBURGISCHES WATTENMEER

Mehr als 100 Kilometer vom Zentrum entfernt liegt Hamburgs nordwestlichster Stadtteil mitten in der Nordsee. Die nur drei Quadratkilometer große Insel Neuwerk ist der einzige bewohnte Flecken des Nationalparks. Dieser ist mit einer Fläche von nur 13750 Hektar mit Abstand der kleinste der drei deutschen Wattenmeer-Nationalparks und wird durch die Elbmündung geprägt. Die Sedimente, die der Fluss mit sich bringt, haben eine von Prielen durchzogene Wattlandschaft geformt. Außerdem sorgt der Strom für einen steten Nährstoffeintrag, der das Schutzgebiet zu einem Schlaraffenland für Seevögel und Jungfische macht. Fünf Kilometer westlich von Neuwerk bietet Scharhörn Brandseeschwalben, Brandgänsen und Austernfischern eine Brutmöglichkeit. Da die Insel aber zunehmend vom Meer zerfressen wird, wurde mit Nigehörn 1989 eine weitere Vogelinsel künstlich geschaffen.

Aus der Luft eröffnet sich eine spektakuläre Landschaft, die vor allem bei Ebbe ihre ganze Pracht in Form von Sandbänken und Prielen entfaltet.

Während der Balz kann es unter den Brandgänsen zu Kämpfen zwischen den konkurrierenden Männchen kommen.

NATIONALPARK NIEDERSÄCHSISCHES WATTENMEER

Mit 3450 Quadratkilometern Fläche ist das Niedersächsische Wattenmeer der zweitgrößte Nationalpark in Deutschland. Strände, Dünen, Sandbänke, Salzwiesen und natürlich das einzigartige Watt erstrecken sich von der niederländischen Grenze im Westen bis Cuxhaven im Osten. Es ist ein Paradies für Meeresvögel. Und auch der Mensch weiß seit über 150 Jahren den Erholungswert der faszinierenden Landschaft zu schätzen. So ruhig die Inseln manches Mal daliegen, so idyllisch das Wasser in der Sonne glitzern kann, so bedrohlich kann die Nordsee aber auch auf den Besucher wirken. Das Niedersächsische Wattenmeer ist ungeheuer facettenreich. Nur an wenigen Orten kann man die Naturgewalten so hautnah erleben. Geprägt wird die Region von dem stetigen Wechsel zwischen Ebbe und Flut. Er sorgt zusammen mit den weiteren Gegebenheiten für eine wahre Explosion verschiedenster Lebensformen. Für viele überraschend: Nach dem tropischen Regenwald ist das hier das produktivste Ökosystem der Welt. 2009 honorierte die UNESCO diese Tatsache und erklärte den Nationalpark zum Weltnaturerbe. Allein 18 Gänse- und 20 Entenarten sind hier zu Hause. Auch Schweinswale, Kegelrobben und Seehunde können in ihrem natürlichen Umfeld beobachtet werden.

Priele und Muschelbänke formen im Wattenmeer ein bizarres Muster, das nur aus der Luft zur Geltung kommt (rechts). Links: Wattenmeer beim Nordseebad Wremen.

Wenn ein Fischkutter mit seinem Fang in den Hafen zurückkehrt, sind die Möwen die Ersten, die ihn empfangen.

WANGEROOGE UND MINSENER OOG

Das Inselchen Wangerooge ist nur 8,5 Kilometer lang, in der Breite bringt es die Insel, die aus einer Sandbank entstanden ist, an der dicksten Stelle gerade einmal auf 2,2 Kilometer. Bei einem Besuch muss das Auto auf dem Festland bleiben. Nach der Überfahrt mit der Fähre ab Harlesiel geht es mit der Inselbahn bis zum Bahnhof Wangerooge. Es gibt einen kleinen Golfplatz, Wassersportler können surfen oder Katamaran segeln. Besonders attraktiv ist die Insel für Radfahrer. Gut gepflegte Wege führen durch die Dünen und über den Deich. Östlich von Wangerooge liegt die Vogelinsel Minsener Oog. Hier finden Strandbrüter optimale Bedingungen. Die Wattwanderung dauert rund eine Stunde pro Strecke und sollte keinesfalls ohne Führung unternommen werden.

JUIST UND MEMMERT

Juist ist nicht einmal einen Kilometer breit, dafür aber stolze 17 Kilometer lang. Damit ist das »Töwerland«, das Zauberland, wie die Insel gern genannt wird, die zugleich schmalste und längste der ostfriesischen Schwestern. Die gesamte Insel ist mit Wanderwegen erschlossen. Eine Tour führt um den Hammersee, den größten Süßwassersee der Ostfriesischen Inseln. Seine Dünen wurden aufgeschüttet, um die nach Sturmfluten auseinandergebrochene Insel wieder zu einen. Im Osten von Juist liegt der Kalfamer. In Herbst und Winter darf er bei Niedrigwasser umrundet werden. Südwestlich der Insel liegt Memmert, ein Paradies für Seevögel, das nicht betreten werden darf. Hier leben Kolonien von Silber- und Heringsmöwen, Löfflern, Kornweihen, Brandgänsen und den seltenen Sumpfohreulen.

Seeschwalben (unten) sind ganz besonders aggressive Nesthüter, die nicht davor zurückschrecken, auch Menschen anzugreifen, die sich ihrem Nest zu sehr nähern. Links: Kiebitz.

Rund um den kleinen Ort Log auf Juist liegen Salzwiesen (links). Hier sind Löffler heimisch, die im Winter nach Afrika ziehen (Mitte). Auch die Heringsmöwe ist nur ein Sommergast (rechts).

NATURPARK LÜNEBURGER HEIDE

In der Lüneburger Heide – im Bild der Steingrund bei Wilsede – sind kürzlich wieder Wölfe gesichtet worden. Birkhühner, ebenfalls selten anzutreffen, fühlen sich hier auch zu Hause.

Südlich von Hamburg, im Dreieck zwischen der Hansestadt, Hannover und Bremen, liegt der erste Naturpark, der in Deutschland gegründet wurde: der Naturpark Lüneburger Heide. Er umfasst 1130 Quadratkilometer. Neben der typischen violett blühenden Heide findet man hier eine Reihe seltener Pflanzen und Tiere wie Moorlilie, Lungenenzian, Braun- und Schwarzkehlchen, Zauneidechsen oder Sandlaufkäfer. Inmitten dieser vor Tausenden von Jahren entstandenen Landschaftsform liegen idyllische Dörfer mit reetgedeckten Fachwerkhäusern, den typischen niedersächsischen Hallenhäusern, Kirchen, Wasser- und Windmühlen. Der Kern des Naturparks ist das gut 234 Quadratkilometer umfassende Naturschutzgebiet, das mit dem Fahrrad erkundet werden kann. Autos sind größtenteils verboten, aber Kutschen fahren quer durch das Gebiet.

Die Gemeine Binsenjungfer, eine Libellenart (großes Bild), ist in der Lüneburger Heide ebenso heimisch wie Erika und Besenheide (Bildleiste von oben).

Menschenleere Natur, Sandwege, Birkenhaine, Heidekraut, Heidschnucken, Wassermühlen – so vielfältig präsentiert sich die Lüneburger Heide vor den Toren Hamburgs. Was heute so fasziniert, ist allerdings das Ergebnis jahrhundertelangen Raubbaus. Noch im Mittelalter wuchsen hier dichte Eichen-, Kiefern- und Birkenwälder. Sie wurden in den Salinen verheizt, und zurück blieb eine Steppenlandschaft. Im Laufe der Jahrhunderte hat sich dieses triste Gebiet dann in eine pittoreske Heidelandschaft verwandelt. Mit Birkenhainen, Wacholderbüschen und dem allgegenwärtigen Heidekraut, das die Landschaft im September in ein altrosa bis violett glühendes Farbenmeer verzaubert. Die Besenheide (Calluna vulgaris), die hier die Natur dominiert, ist eine genügsame Pflanze, die vor allem der Sandbiene ihren Lebensraum sichert.

WILSEDER BERG UND TOTENGRUND

Wacholder und blühendes Heidekraut im Morgennebel am Totengrund: Vom Parkplatz in Nieder-haverbeck aus führt ein ausgeschilderter 4,5 Kilometer langer Weg auf den Wilseder Berg.

Mitten im Herzen des Naturparks Lüneburger Heide thront der 169 Meter hohe Wilseder Berg über der Landschaft. Von seiner Spitze aus hat man bei klarer Sicht einen Blick bis nach Lüneburg und sogar Hamburg. Ein Gedenkstein erinnert an den Mathematiker Carl Friedrich Gauß, der die höchste Erhebung weit und breit für Vermessungsarbeiten nutzte. Geprägt ist die Gegend von kleineren Feldsteinen und eindrucksvollen Findlingen – Zeugen der letzten Eiszeit, die die Landschaft geformt hat. Am Fuß des Bergs liegt ein Talkessel mit dem schaurigen Namen Totengrund. Dass diese Bezeichnung etwas mit den Verstorbenen der Region zu tun hat, wird für unwahrscheinlich gehalten. Eher hat sie etwas mit dem überwiegend trockenen, wenig fruchtbaren Boden in der Senke zu tun. Diese ist dank engagierter Naturschützer nur knapp der Bebauung entkommen.

Sumpf-Heidelibelle, Geißklee-Bläuling und Kurzflügelige Beißschrecke (Bildleiste unten von links) gilt es in der verzauberten Landschaft des Pietzmoores (oben) zu entdecken.

Das 8000 Jahre alte Pietzmoor bei Schneverdingen ist das größte zusammenhängende Hochmoor der Lüneburger Heide. Undurchlässige Tonschichten haben dafür gesorgt, dass sich das Wasser in der weitläufigen Mulde sammelt. Verschiedene Torfmoosarten – aus denen sich später eine massive Torfschicht bildete – siedelten sich an. 1860 begann der Torfabbau, der den einzigartigen Naturschatz beinahe zerstört hat. Seit Beginn der Renaturierung in den 1970er-Jahren sind viele für diese Landschaft typischen Pflanzen und Tiere zurückgekehrt. Im Mai und Juni blüht das Wollgras, Zwergsträucher recken sich aus den weiten Wasserflächen, gelbe Moorlilien leuchten und die bekannteste in Deutschland heimische fleischfressende Pflanze, der Sonnentau, ist zu bestaunen. Ein perfekter Lebensraum für Kreuzottern oder Kraniche, die hier ihre Jungen aufziehen.

NATURPARK SÜDHEIDE

Heidekraut – von den Botanikern Besenheide genannt – bedeckt großflächig Teile des Naturparks Südheide und taucht ihn im Spätsommer in ein violettfarbenes Blütenmeer.

Südlich des Naturparks Lüneburger Heide liegt der knapp 438 Quadratkilometer große Naturpark Südheide. Fast die gesamte von Wäldern, Mooren und Heide bestimmte Fläche ist Landschaftsschutzgebiet. Rad-, Wander- und Reitwege führen durch das Gebiet, das zahlreiche Pflanzen und Tiere beherbergt. Viele davon sind in ihrem Bestand bedroht, darunter Schwarzstorch, Fischotter, Kranich, Seeadler oder Bachneunauge. Öst-

lich von Unterlüß erstreckt sich ein besonderes Waldgebiet: der rund 75 Quadratkilometer große Lüßwald. Über 100 Jahre alte Fichten, Buchen, Douglasien und Eichen sind in diesem Urwald zu bestaunen. Ein Highlight neben dem 130 Meter hohen Lüßberg ist das wildwüchsige Naturwaldreservat. Eine kleine Attraktion der Südheide findet sich in Hermannsburg. Dort ist eine Korbimkerei mit etwa 200 Bienenvölkern zu besichtigen.

Ein Birkhahn bei der Balz spreizt sein Federkleid und misst sich in waghalsigen Sprüngen mit seinen Mitbewerbern darin, wer die Gunst des Weibchens erhält.

Sieht man einem männlichen Birkhuhn, einem Birkhahn, bei der Balz zu, versteht man, warum sich die Legende hartnäckig hält, dass der bayerische Schuhplattlertanz vom Huhn inspiriert sei: Laut kollernd umkreisen sich die konkurrierenden Hähne, fächern ihre breiten Schwanzfedern auf, springen hoch in die Luft und stampfen mit einem juchzenden Geschrei dann und wann ihre Füße auf. Auch waren die Hühner noch weit bis ins 20. Jahrhundert in Bayern und anderen Teilen Deutschlands stark verbreitet, bis sie durch die zunehmende Verknappung ihrer Lebensräume stark in ihrem Bestand dezimiert wurden. Heute findet man diese Unterart der Raufußhühner vor allem noch in den geschützten Bereich von National- und Naturparks der Alpen, der Rhön und der Lüneburger Heide. Leicht zu unterscheiden sind die beiden Geschlechter: Während das Weibchen sich im braunen Tarnfarbenfederkleid im Gras verstecken kann, sticht das Männchen in seinem schillernden Blau-Schwarz hervor. Zur Balzzeit erhält es noch eine auffällige rote Umrandung der Augen, die sogenannte Rose. Birkhühner (*Lyrurus tetrix* oder *Tetrao tetrix*) erreichen etwa die Größe eines Haushuhns und sind damit viel kleiner als die mit ihnen verwandten Auerhühner.

BIOSPHÄRENRESERVAT FLUSSLANDSCHAFT ELBE

1997 erkannte die UNESCO die Region als Biosphärenreservat an. Sie wies vier Reservate aus, die sich über fünf Bundesländer erstrecken: Mittelelbe, Flusslandschaft Elbe-Brandenburg, Flusslandschaft Elbe-Mecklenburg-Vorpommern und Niedersächsische Elbtalaue. Die Gesamtfläche von 3430 Quadratkilometern schließt 400 Kilometer des Elbverlaufs ein, der niedersächsische Teil macht 567 Quadratkilometer aus, die sich auf knapp 100 Elbkilometer verteilen. Die Landschaft mit ihren Feuchtgebieten ist Heimat von über 1000 verschiedenen Pflanzen und rund 250 Vogelarten. Der stark gefährdete Weißstorch brütet hier und auch Zwergschwäne nutzen die Gegend als Winterquartier. Selbst der bereits für ausgestorben gehaltene Elbebiber hat sich wieder angesiedelt und auch Fischotter, Rehe, Feldhasen und Füchse fühlen sich hier wohl.

In der niedersächsischen Elbe tummeln sich rund 50 Fischarten, durch die Lüfte flattern etwa 700 verschiedene Schmetterlinge. Von den heimischen Pflanzen, viele davon typisch für die Umgebung großer Flüsse, stehen etwa 400 auf der Roten Liste der bedrohten Arten. Unter besonderem Schutz steht die Brenndoldenwiese. Neben den Brenndolden wachsen dort auch Pfirsichblättriges Veilchen und Gnadenkraut.

Stieleichen (großes Bild) sind bieten in den Auen der Elbe Resedafalter, Zitronenfalter und Schwalbenschwanz (Bildleiste von oben) ebenso ein Zuhause wie dem Schwarzstorch (unten).

Nebel hängt über der Auenlandschaft der Elbe und verleiht ihr ein mystisches Antlitz.

GRAUREIHER

Fische stehen auf dem Speiseplan der Graureiher, und deshalb sind die Vögel überall
dort verbreitet, wo ein fischreiches Gewässer in der Nähe ist. Sie leben gern im Schilf
an Seen und Flüssen, sind aber auch an der
Meeresküste vorzufinden. Ihre Nester bauen
sie allerdings auf hohen Bäumen. Ihren
Namen verdankt diese Untergattung der
Reiher natürlich der Farbe ihres Gefieders,
das aber nicht nur grau sein muss, sondern
auch weiße und schwarze Federn aufweist.
Auffällig ist ihr orangefarbener Schnabel,
mit dem sie dolchartig nach Beute picken.
Obwohl die Graureiher (Ardea cinerea)
– nach dem Storch – die zweitgrößten ein-
heimischen Vögel sind und bis zu einem Meter groß werden, wiegen sie erstaunlich wenig: Selbst ein ausgewachsenes Exemplar
bringt nur etwa 1,5 Kilogramm auf die Waage. Diese Leichtigkeit macht die Graureiher
zu exzellenten Flugakrobaten. In der Luft
sind sie leicht an ihrer Kopfhaltung zu erkennen: Im Gegensatz zu anderen Schreit-
vögeln ziehen sie beim Flug den Kopf ein.
Nicht alle Graureiher verlassen im Winter
deutsche Gefilde gen Süden, manche bleiben auch das ganze Jahr über hier. Dann
wird ihre Ernährung auch schon mal um Frösche und die ein oder andere Wühlmaus ergänzt, denen sie geschickt nachsetzen.

Frische Fische stehen ganz oben auf der Liste der Lieblingsspeisen des Graureihers. Geschickt fängt er sie mit blitzschnellen Hieben seines Schnabels.

NATURPARK WILDESHAUSER GEEST

Über vier Landkreise erstreckt sich der im Westen von Niedersachsen gelegene Naturpark Wildeshauser Geest, der im Jahr 1984 offiziell eingetragen wurde. Das niederdeutsche Wort »Geest« deutet auf eine trockene, unfruchtbare Gegend hin. Stellenweise mag das in der von der Eiszeit geprägten Region der Fall sein, grundsätzlich gilt das sicher nicht. Dazu ist die Landschaft in dem mit 1500 Quadratkilometern größten Naturpark des Bundeslands – und einem der größten Deutschlands – viel zu abwechslungsreich. Kleine Flüsschen, Moore, Sanddünen, Heide und Wälder bestimmen das Bild. Dazwischen eingebettet liegen idyllische Ortschaften mit alten prächtigen Alleen. Immer wieder stößt man auf mächtige Gesteinsbrocken, die einst von Gletschern bis hierher geschoben wurden. Der größte dieser sogenannten Findlinge misst stolze 6 × 7 × 2 Meter.

NATURPARK BOURTANGER MOOR-BARGERVEEN

Einst lag in der Region des heutigen Niedersachsens sowie der Niederlande das größte zusammenhängende Moorgebiet Nord- und Mitteleuropas. Besiedlung, Landwirtschaft und vor allem der Torfabbau zerstörten große Teile dieses einzigartigen Biotops. Nachdem die Ausbeutung beendet wurde, begann man mit der Wiedervernässung. Im Jahr 2006 wurde der 140 Quadratkilometer umfassende Naturpark gegründet. Der Boden ist arm an Nährstoffen, was nicht bedeutet, dass Flora und Fauna nichts zu bieten hätten. Im Gegenteil: Hoch spezialisierte Lebewesen haben sich an genau diese Umgebung angepasst. Dazu gehören Kreuzotter, Ringelnatter und Waldeidechse ebenso wie die Sumpfohreule. Botanisch sind vor allem Wollgras und Sonnentau zu nennen. Außerdem befinden sich auf diesem Areal die ehemals größten Erdölfelder Deutschlands.

Mitten in der Heidelandschaft des Naturparks liegt mit dem Pestruper Gräberfeld ein spätbronze-zeitlicher Friedhof mit etwa 500 Grabhügeln auf 39 Hektar.

Beinwell, Neuntöter und Dickkopffalter (linke Seite von links) gehören zu den zahlreichen Flora- und Faunaarten, die im Naturpark mit seinen Moor- und Sumpfgebieten (unten) heimisch sind.

NATURPARK DÜMMER

Kraniche (großes Bild) und Uferschnepfe (unten rechts) brüten in den Feuchtwiesen rund um den Dümmer. Im Winter suchen sie wärmere Regionen auf. Unten links: Wasserfrosch.

Bekannt ist der Park natürlich für seinen Namensgeber, den Dümmer. Der flache See, durch den die Hunte fließt, hat eine stattliche Größe von 13,5 Quadratkilometern. Außerdem liegen in dem 500 Quadratkilometer umfassenden Naturpark die 100 Meter hohen Dammer Berge mit ihren ausgedehnten Nadelwäldern und die Weser-Ems-Wasserscheide. Die höchste Erhebung ist der Stemweder Berg mit 181 Metern. Kraniche sind die Attraktion des knapp 35 Kilometer nordöstlich von Osnabrück gelegenen Parks. Darüber hinaus sind Spieß- und Pfeifenten zu beobachten, der Laubfrosch ist ebenso heimisch wie diverse Schmetterlinge, Libellen oder auch Sumpfschrecke und Großes Heupferd. Auch Blütenpflanzen gedeihen bestens, darunter Hochstauden von Mädesüß und Blutweiderich bis hin zur Ackerkratzdistel mit ihren violettfarbenen Blütenköpfchen.

Das Steinhuder Meer ist ein Flachsee. Neben einer Badeinsel gibt es im See die Insel Wilhelmstein, auf der eine Festung aus dem 18. Jahrhundert steht. Unten: Beutel-Stäubling und Höckerschwan.

Das Steinhuder Meer ist der größte Binnensee in Nordwestdeutschland. Um ihn erstreckt sich der gleichnamige Naturpark auf einer Fläche von 310 Quadratkilometern über die Landkreise Schaumburg und Nienburg sowie die Region Hannover. Schon 1959 wurde die Idee zu einem Naturpark geboren, erst 1974 wurde sie realisiert. Wald- und Moorflächen sorgen für eine unverwechselbare Landschaft, das Herzstück bleibt jedoch der See als besonderer Lebensraum. Im Brut- und Rastgebiet Meerbruch sind Wasser- und Watvögel wie die Bekassine oder die Uferschnepfe anzutreffen. Unweit des Steinhuder Meers liegt das Tote Moor, ein Hochmoor, das vor dem Untergang gerettet werden soll. Graugans, Kiebitz und Krickente nutzen das Gebiet bereits wieder als Brutplatz, auch typische Moorpflanzen siedeln sich nach und nach wieder dort an.

NATURPARK TERRA.VITA

NATURPARK WESERBERGLAND

Viele Spazier- und Wanderwege erschließen den Naturpark, so etwa der knapp 100 Kilometer lange Mühlenweg am Wiehengebirge, auf dem neun Wasser- und zwei Windmühlen liegen.

Vom Südwesten Niedersachsens bis in den Nordosten Nordrhein-Westfalens hinein erstreckt sich der 1500 Quadratkilometer große Naturpark TERRA.vita, der auch ein sogenannter Geopark ist. Dieses Prädikat weist eine Region aus, in der sich nachvollziehen lässt, wie Landschaften entstanden sind. In diesem Fall ist an vielen Stellen zu erkennen, dass die heute sichtbaren Hügel einmal eine Küstenregion waren, was auch Muschelkalkbänke und Spuren von Wattwürmern bezeugen. Neben den Bergen prägen Moore und Wälder, Seen und Solebäder das Landschaftsbild. Spuren der Erdgeschichte lassen sich in der Megalithkultur ebenso finden wie in den 150 Millionen Jahre alten Fährten von Dinosauriern, die in einem Steinbruch zu bestaunen sind. Typisch für die Region sind ferner Bergbau, Fachwerkstädte sowie Wind- und Wassermühlen. Letztere lassen sich vor allem im Wiehengebirge entdecken.

Auf Wander-, Rad- und Reitwegen kann der gesamte Naturpark Weserbergland wunderbar durchquert und hautnah erlebt werden.

1975 wurde der Naturpark Weserbergland gegründet, der rund 50 Kilometer südwestlich der Landeshauptstadt Hannover liegt. Den Charakter der Region bestimmt der Flusslauf der Weser. Doch im Grunde ist es kaum möglich, von nur einem Charakter zu sprechen. Viel zu abwechslungsreich sind die Landschaftsformen und Freizeitmöglichkeiten, die hier direkt nebeneinander liegen. Da gibt es das Naturschutzgebiet Hohenstein mit seiner 40 Meter in die Höhe ragenden Kalksteinwand, Bergzüge, die zum Klettern und Wandern sowie zum Wintersport einladen, Schlösser und Burgen, Deutschlands nördlichste Tropfsteinhöhle, Bergbaustollen und ausgedehnte Laubwälder, die sich im Herbst in einem farbenprächtigen Kleid präsentieren. Von 55 Metern geht es bis auf 441 Meter hinauf, die norddeutsche Tiefebene wird hier allmählich zur Mittelgebirgsregion.

WILDSCHWEINE

Wildschweine sind auf dem Vormarsch. In manchen Bundesländern gehen sie bis in die Vorortbereiche der Städte, weil dort der Abschuss problematisch ist. In der Landwirtschaft werden die Schwarzkittel ungern gesehen, weil sie erheblichen Flurschaden anrichten können. Selbst wo Wildschweine bejagt werden, lernen sie schnell, wann keine Gefahr droht. Der wilde Vorfahr des Hausschweins zeichnet sich durch eine lang gestreckte Schnauze und eine üppige schwärzliche Borstenbehaarung aus, die am Rücken zu einer steifen Mähne heranwächst. Ganz anders sehen junge Wildschweine, die Frischlinge, mit ihrer hellgelblichen und braunen Streifenzeichnung aus. Die Bache kann im Frühjahr bis zu einem Dutzend Jungtiere werfen, die sie sehr liebevoll versorgt. Wanderer sollten um eine Bache mit Jungen einen großen Bogen machen. Für die Wildschweine existiert eine eigene Terminologie, die aus dem hohen waidmännischen Interesse herrührt: Auf die »Frischlinge« folgen »Überläufer«, dann »Bache« oder »Keiler«, der zum »Basse«, »hauenden Schwein« oder »Hauptschwein« heranwächst. Die »Rauschzeit« fällt in den Winter – die Keiler entwickeln zuvor ein seitliches knorpligschwartiges Bindegewebsschild, das bei den Kämpfen um die Weibchen schützt.

Die oberen und unteren Eckzähne des erwachsenen männlichen Wildschweins, Hauer oder auch das Gewaff genannt, wachsen zu beachtlicher Größe heran und bilden gefährliche Hiebwaffen.

NATURPARK SOLLING-VOGLER

Im Süden von Niedersachsen liegt der 520 Quadratkilometer große Naturpark Solling-Vogler, der 1966 gegründet wurde. Das Hochmoor Mecklenbruch gehört ebenso zu dieser Landschaft wie weitläufige Buchen- und Fichtenwälder und alte Eichen. Es ist ein Paradies für die unterschiedlichsten Tier- und Pflanzenarten. Waschbär, Dachs und Marder finden hier einen perfekten Lebensraum. Außerdem ist ein ganz besonderer Bewoh-

ner anzutreffen: der im Hutewald halbwild lebende Auerochse. Nachts erklingt der Ruf des Raufußkauzes, im Herbst wird er von den Brunftschreien der Rothirsche übertönt. Beinahe 1000 Farne und Samenpflanzen gedeihen hier, dazu über 100 Flechten- und fast 300 Moosarten. Sowohl die naturbelassenen Gebiete als auch diejenigen, die von Menschen bewirtschaftet und dadurch stark geprägt wurden, sind einen Besuch wert.

Steinbrüche, Mittelgebirgsbäche, Wiesentäler und stille Seen – das alles lässt sich im Naturpark Solling-Vogler auf einem bestens ausgebauten Wegenetz erwandern oder per Rad entdecken. Dazu gesellen sich Schlösser und Burgen, Aussichtstürme und archäologische Fundstätten. Wer Details über die Region und ihre Geschichte, ihre Flora und Fauna erfahren möchte, kann sich einer geführten Tour anschließen.

Schwarzmilan, Kohlmeise und Eichelhäher, dazu eine magische Lichtstimmung mit einem Regenbogen – das sind die Zutaten, die die Natur dem Naturpark zuweilen angedeihen lässt.

Rothirsche und Wildschweine finden sich nicht nur in der freien Natur des Parks zuhauf, sondern lassen sich auch im Wildpark beobachten.

ROTHIRSCHE

Das Motiv des röhrenden Hirsches gehört zur deutschen Zeitgeschichte: Jahrzehntelang prangte das Tier auf Gemälden an Wohnzimmerwänden, auf Kaffeeservicen oder als Porzellanfigur auf dem Sideboard. Ende des 19. Jahrhunderts kam das Motiv bei den Malern der Romantik in Mode und blieb bis in die 1960er-Jahre im Trend. Dargestellt ist fast ausschließlich der Rothirsch (*Cervus elaphus elaphus*), eine der größten Hirscharten

der Welt, dessen Böcke ein besonders imposantes Geweih ausbilden. Die Acht-, Zehn- oder gar Zwölfender gelten auch heute noch als beliebte Jagdtrophäe. Das Tier, das ursprünglich offene Steppen bevorzugte, nun aber vor allem in Wäldern lebt, schließt sich, nach Geschlechtern getrennt, in Rudeln zusammen. Nur zur Brunftzeit tritt nach erbitterten Kämpfen unter den Männchen der Platzhirsch als Sieger hervor, der dann ein

sogenanntes Kahlwildrudel aus Weibchen und Jungtieren für sich gewinnt. Nach erfolgreicher Fortpflanzung schließt sich der Bock dann wieder einer Gruppe Männchen an. Die Hirschkühe bringen im Frühjahr ein, selten auch zwei Junge zur Welt. Das Kalb ist mit seinen weißen Flecken im Fellkleid gut getarnt. Das Muttertier entfernt sich von ihm nur in Windrichtung, um immer seine Witterung aufnehmen zu können.

Nur während der Brunftzeit sind die röhrenden Schreie der paarungsbereiten Hirschböcke – hier im Thüringer Wald – laut zu vernehmen.

TURMFALKEN

Der Turmfalke ist ein ziemlich opportunistischer Vogel: Dort, wo der Mensch ihm viele seiner Rückzugsorte genommen hat, hat er es sich mitten in den Zentren der Städte gemütlich gemacht. In München etwa im Turm der Frauenkirche und in Berlin in der Park-Klinik Weißensee. Eigentlich ist der Turmfalke aber jenseits der Städte zu Hause. Er lebt überall dort, wo Feldmäuse aufzufinden sind, und bevorzugt unberührte Landschaften. Die meisten der in Deutschland beheimateten Turmfalken *(Falco tinnunculus)* leben das ganze Jahr über hier und ziehen im Winter nicht in wärmere Regionen. Charakteristisch ist sein »Rüttelflug«, wenn er auf Beutefang ist. Hat er eine Maus in einem Feld erspäht, bleibt er mit schnellem Flügelschlag etwa 10 bis 20 Meter in der Luft über ihr stehen und schießt dann pfeilschnell auf die Beute zu.

ROTFÜCHSE

Der Fuchs gilt nicht zu Unrecht in der Sage als besonders schlau, ist Reineke doch ein äußerst gewiefter Überlebenskünstler: Der bis zu zehn Kilogramm schwere Mitteleuropäische Rotfuchs *(Vulpes vulpes crucigera)* nutzt im Unterschied zu anderen Raubtieren fast alle Nahrungsquellen. Der nachtaktive Jäger mit spitzer Schnauze und buschiger Lunte ist ein Einzelgänger, dessen Riech- und Hörsinne sehr gut entwickelt sind und ihm Vorteile beim Beutefang verschaffen. Das Tier wird 30 bis 40 Zentimeter hoch und mit Schwanz 90 bis 140 Zentimeter lang. Es weist er eine große Farbvariabilität auf, die von Dunkelbraun bis Hellrot reichen kann. Der Fuchs lebt in weit verzweigten unterirdischen Röhrensystemen. Die Jungen werden nach zwei Monaten Tragzeit geboren.

Turmfalken wie dieses Weibchen im Wildpark Neuhaus im Naturpark Solling-Vogler sind Bisstöter: Sie halten ihre Beute mit den Fängen fest und töten sie mit einem Biss ins Genick.

Im Schnitt enthält ein Wurf vier bis sechs Junge, die die ersten vier Lebenswochen im Bau verbringen, bevor sie neugierig einen Ausflug wagen.

NATURPARK ELM-LAPPWALD

Der Elm gilt als der schönste Buchenwald Norddeutschlands, wenn nicht sogar von ganz Deutschland. Besonders spannend ist eine Führung in Begleitung eines Försters.

470 Quadratkilometer groß ist der Naturpark Elm-Lappwald, der sich über die beiden Kreise Wolfenbüttel und Helmstedt erstreckt. Ziemlich genau die Hälfte der Gesamtfläche des 1977 gegründeten Parks ist als Natur- oder Landschaftsschutzgebiet ausgewiesen. Höhenlagen zwischen 90 und 323 Metern verraten, dass es sich um ein Gebiet zwischen norddeutscher Ebene und den Mittelgebirgen handelt. Heide, Moore, Kiefernwälder und ein schöner Buchenwald gruppieren sich um bunte Wiesen und Felder. Eine Besonderheit sind die Geotope: Orte, die von der Entstehungsgeschichte der Landschaft erzählen. Weil diese hier reich vorhanden sind, ist der Park Teil des Geoparks Harz-Braunschweiger Land-Ostfalen. Eine historische Zeitreise der anderen Art führt nach Hötensleben zum deutsch-deutschen Grenzdenkmal.

Fischotter und Biber (unten) sind im Naturpark Drömling zu Hause. Auch der scheue Schwarzstorch und der Rotmilan (rechte Seite) statten den Wäldern im Sommer einen Besuch ab.

NATURPARK MÜNDEN

Zu Wasser lässt sich das Gebiet per Kanu oder Floß erkunden, an Land ist man am besten zu Fuß oder mit dem Fahrrad unterwegs.

Im Süden Niedersachsens zwischen Göttingen und dem hessischen Kassel liegt der 450 Quadratkilometer große Naturpark Münden. Er wurde bereits im Jahr 1959 als zweiter Naturpark des Bundeslandes gegründet und hat sowohl für Naturfreunde als auch für kulturell Interessierte jede Menge zu bieten. Neben Werra, Fulda und Weser plätschern kleine verträumte Bäche durch die von Buchenmischwäldern dominierte Landschaft. Waldwiesentäler laden zum Träumen und Entspannen ein. Hin und wieder kann man Schwarzstorch, Schwarzspecht, Eisvogel oder auch einer Wildkatze begegnen. Märchenhaft ist der Naturpark Münden im doppelten Sinne, denn er gehört zur Deutschen Märchenstraße, die von Bremerhaven bzw. Buxtehude bis in die Brüder-Grimm-Stadt Hanau führt.

NATURPARK DRÖMLING

Wo Sachsen-Anhalt und Niedersachsen aufeinandertreffen, liegt der 340 Quadratkilometer große Naturpark Drömling. Der Park ist in vier Zonen untergliedert. In der Kernzone wird die Renaturierung vorangetrieben, deren Ziel die Neuentwicklung eines Erlenbruchwaldes ist. Der Drömling wird »Land der 1000 Gräben« genannt, denn die Bewirtschaftung durch den Menschen brachte vor allem den Bau zahlreicher Kanäle zur Entwässerung mit sich. Heute wird das Gebiet vor allem durch die Flüsse Aller und Ohre entwässert. Es ist die Heimat des Fischotters und des Bibers. In der Luft sind Weißstorch, Kranich und Seeadler zu Hause. Darüber hinaus leben jede Menge Gänse, Enten und Schwäne im Drömling. In Niedersachsen findet man im Park vier Schutzgebiete: Kaiserwinkel, Giebelmoor, Vorsfelder Drömling und Allerauenwald.

NATURPARK HARZ

Der Naturpark Harz in Niedersachsen ist einer von vier rechtlich eigenständigen Naturparks im Harz. Zwei davon liegen in Sachsen-Anhalt, ein dritter in Thüringen. Der Naturpark auf niedersächsischem Gebiet ist der älteste der vier. Er wurde bereits 1960 gegründet, die anderen folgten erst ab 2003. Mit ungefähr 800 Quadratkilometern Fläche ist er der zweitgrößte Naturpark im Harz. Er reicht von Goslar im Nordwesten bis nach Osterode im Südwesten und grenzt im Osten an den Nationalpark Harz. Das Gelände steigt von 200 bis auf 970 Meter über Normalnull an und bietet durch diese Höhenunterschiede sehr abwechslungsreiche Landschaftsformen und einen außergewöhnlichen Artenreichtum. Sanfte Hänge, verwunschene Flusstäler und Seen findet man ebenso wie schroffe Felsformationen, rauschende Bäche, tiefe Höhlen und dunkle Wälder. Im Naturpark finden zahlreiche, zum Teil bedrohte Arten einen Lebensraum. Der Luchs konnte erfolgreich wieder angesiedelt werden. Wasseramseln und Gebirgsstelzen fühlen sich an den schnell dahinfließenden Gewässern wohl, und auch der Feuersalamander findet im Naturpark beste Bedingungen vor. Ein gut ausgeschildertes Netz mit mehr als 4000 Kilometern an Wanderwegen erschließt die Region für ihre Besucher.

Das Okertal befindet sich zwischen Altenau und Oker, einem Ort am nördlichen Rand des Harzes. Die Oker hat sich hier im Laufe von Millionen von Jahren tief in den Fels eingegraben.

Es soll das schönste Tal im Westharz sein. So behaupten es zumindest die Kletterer, die im Okertal auf bizarre Felsformationen treffen.

NATIONALPARK HARZ

Fast zehn Prozent des Harzes nimmt der Nationalpark rund um den höchsten Berg, den 1141 Meter hohen Brocken, ein. Das Gebiet, in dem die Natur weitestgehend sich selbst überlassen bleibt, liegt zwischen Bad Harzburg und Ilsenburg im Norden und zieht sich über den Brocken bis nach Herzberg im Süden. Die ursprüngliche Natur und unterschiedliche Landschaftsformen machen die Region für Wanderer und Naturfreunde, aber auch für Wintersportler attraktiv. Von baumlosen, nebelverhangenen Berghängen über tiefe Moore bis hin zu romantischen Flussläufen reichen die Natur- und Lebensräume. Einige Pflanzen wie das Brockenhabichtskraut und die Brockenanemone sind nur auf diesem Berg zu finden. Zu bewundern sind sie neben 1800 anderen Pflanzenarten im Botanischen Garten auf dem Brocken. Die einmalige Sammlung beherbergt bedrohte und seltene Gewächse aus allen Hochgebirgen der Erde. Im Nationalpark sind Wanderfalken und Wildkatzen heimisch, Luchse und Auerhähne können in Tiergehegen beobachtet werden. Thematische Wanderwege, oft mit Erlebnisstationen, laden zur Erkundung des Parks auf eigene Faust ein. Die Ranger des Nationalparks bieten aber auch regelmäßig Führungen, Entdeckertouren, Vorträge und Seminare an.

Die Granitfelsen der Rabenklippe bieten einen grandiosen Ausblick auf den Brocken und die umliegende Landschaft des Nationalparks Harz.

Der Untere Bodefall ist ein lohnendes Wanderziel von Braunlage aus. Über Granitblöcke springt die Warme Bode hier talabwärts.

GESPENSTERWALD VON NIENHAGEN

Knorrige, über 150 Jahre alte Buchen, Eichen, Eschen und Hainbuchen, von der salzigen, oft kräftigen Brise verformt, geben dem Nienhäger Holz seinen Beinamen »Gespensterwald«. Seine Lage ist traumhaft. In zwölf Metern Höhe thront er auf der Steilküste westlich von Nienhagen zwischen den Badeorten Warnemünde und Kühlungsborn. Wer den Weg zwischen den vom Sturm gebeugten Bäumen, die »Windflüchter« genannt werden, bis zum Ende geht, hat einen fantastischen Blick auf Heiligendamm und die Ostsee. An der Kliffkante, über die sich verschlungene und verästelte Wurzeln recken, ist Vorsicht geboten. Auch das Granitzbächlein plätschert durch den märchenhaften Wald, bevor es in die Ostsee fließt. Besonders reizvoll ist der Besuch in der Abenddämmerung. Dann wirkt so mancher knorrige Ast wahrhaft gespenstisch.

Ein schmaler Pfad windet sich in den Buchenwald von Nienhagen, und der Besucher fühlt sich ein wenig in Lewis Carrolls Wald-ohne-Namen aus »Alice im Wunderland« versetzt.

Der stete Küstenwind biegt nicht nur die Bäume nach Lust und Laune, sondern sorgt auch für eine einheitliche Länge des Grases.

NATIONALPARK VORPOMMERSCHE BODDENLANDSCHAFT

Von der Halbinsel Darß-Zingst zieht sich der größte Nationalpark von Mecklenburg-Vorpommern bis zur Westküste Rügens. Zu rund 680 Quadratkilometern Wasserfläche gesellen sich etwa 125 Quadratkilometer auf den Inseln und an den Küsten des Festlandes. Schon im frühen 20. Jahrhundert wurden in dieser Region Naturschutzgebiete ins Leben gerufen. Im Oktober 1990 wurde der Nationalpark offiziell gegründet. Neben

dem Bodden selbst finden sich hier Dünen und Strände, Nehrungen und Seen. Es gibt Steil- und Flachküsten und urtümliche Waldgebiete. Kiefern, Rotbuchen, Erlen und Birken prägen das Bild vieler Gehölze. Nirgendwo sonst in Mitteleuropa rasten so viele Kraniche, wie es hier der Fall ist. Überhaupt bietet sich Vogelfreunden hier ein Paradies. Über 100 Arten von Wasser- und Watvögeln können beobachtet werden, darunter die

Bekassine. Man erkennt sie an ihrem meckernden Gezwitscher, das ihr den Spitznamen »Himmelsziege« eingetragen hat. In den Salzwiesen und dem Schilf fühlen sich zahlreiche Insekten wohl, in den von der Ostsee abgetrennten Boddengewässern findet man Barsche, Zander und auch Aale. Die vielen hübschen Orte der Gegend sind zwar nicht Bestandteil des Nationalparks, lohnen aber einen Besuch.

Auf den Dünen am Darßer Ort, der Landzunge im Norden der Halbinsel, wächst Strandhafer. Das Naturschutzgebiet ist durch Spazierwege, die man nicht verlassen darf, gut erschlossen.

Am Darßer Weststrand stehen die vom Wind geformten Fichten, Tannen und Lärchen des Darßer Urwalds.

DARSSWALD

Der 58 Quadratkilometer große Darßwald, auch Darßer Urwald genannt, beansprucht den größten Teil der Halbinsel, die ihm den Namen gab. Über 30 Wanderwege kreuzen sich hier. Wer auf ihnen unterwegs ist, wird sich nur schwer vorstellen können, dass die Gegend im Laufe ihrere Geschichte einst intensiv bewirtschaftet wurde. Nachdem viele Bäume geschlagen wurden, überwog die Heidelandschaft. Förster haben in der Folgezeit Douglasien, Fichten und auch Europäische Lärchen gepflanzt. Lange wurde hier auch gejagt. Dafür eigens angesiedelte Wisente sind inzwischen allerdings verschwunden. Heute hat das Rot- und Schwarzwild nichts mehr zu befürchten. Auch Eichhörnchen gibt es reichlich, und mit etwas Glück sieht man eine Kreuzotter, die sich durch das Unterholz schlängelt.

HIDDENSEE

Hiddensee ist überschaubar und doch die größte Insel im Nationalpark Vorpommersche Boddenlandschaft. Sie ist starker Bodenbewegung ausgesetzt. Sand wird im Westen an der Steilküste des Dornbuschs abgetragen und ostwärts getrieben. Dort hat er zwei Landzungen geschaffen, Nehrungshaken genannt, den Alten und den Neuen Bessin. Der neue Teil ist nicht zugänglich, sondern den Wat- und Wasservögeln vorbehalten, die hier brüten. Er legt jedes Jahr um rund 40 bis 50 Meter zu. Der Altbessin ist etwa 400 Jahre alt und wächst seit geraumer Zeit nicht mehr. Man erreicht den Sandhaken über den Weg Richtung Enddorn. Geht man den Pfad zwischen Wiesen hindurch zum Ende, erreicht man eine Hütte, von der aus sich die Vögel auf dem Neuen Bessin sehr gut beobachten lassen.

Am besten lässt sich der Darßwald auf dem Rundweg, der teilweise über Holzbohlen führt, erleben. Die Sumpflandschaft eines Erlenbruchs prägt einen Teil des Nationalparks.

Der Leuchtturm Dornbusch von Hiddensee steht auf dem Schlucksviekberg im gleichnamigen Hügelland im Norden der Insel und kann besichtigt werden.

KRANICHE

Nach der Scheitelhöhe ist der Kranich unser größter einheimischer Vogel. In abgelegenen Mooren Niedersachsens und besonders Mecklenburg-Vorpommerns brüten wieder etliche Paare der grauen Hünen, der Schwerpunkt ihrer Verbreitung liegt aber in Skandinavien. Beide Partner ziehen ein einziges Junges auf, das zuerst ein rotbraunes Daunenkleid trägt und als Nestflüchter in den Pfützen rund um die Bülten der Horstgräser schwimmt. Der Aufzucht voraus geht die berühmte Kranichbalz, bei der das Männchen die Partnerin lauthals trompetend und mit hüpfenden Tanzschritten umwirbt. Es zeigt ihr unter Verbeugungen Stängel und Halme oder Reisig, die als Nistmaterial dienen könnten, und wirft alles auffordernd in die Luft. Beide lassen ihre »Kurr«-Rufe hören. Durch seine langen Luftröhrenschleifen vermag der Kranich, sehr weit tragende Töne hervorzubringen. Zwei Monate widmen sich die Partner der Aufzucht, schützen das Küken vor Füchsen oder Seeadlern, und sie begleiten auch noch den flüggen Jungvogel. Im Spätsommer ziehen Scharen von Kranichen in Formation zu den Sammelplätzen auf Feldern und Äckern, bevor sie in den Südwesten der Iberischen Halbinsel fliegen. Im Winter kann man sie dort zwischen Korkeichen schreiten sehen.

Im Spätsommer sammeln sich an der Ostseeküste gewaltige Scharen von Kranichen, die mit Sprüngen und lauten Rufen ihre Weiterreise in die spanische Extremadura vorbereiten.

NATIONALPARK JASMUND

Im Nordosten der Insel Rügen wurde im September 1990 Deutschlands kleinster Nationalpark gegründet. Er liegt auf der Halbinsel Jasmund, deren Namen er trägt und zieht sich von Lohme nach Sassnitz an der Küste entlang. Die Ausdehnung in das Inselinnere schließt vor allem die Kreideabbaugebiete, etwa bei Wittenfelde, ein. Neben den berühmten Kreidefelsen, die sich beinahe 120 Meter über die Ostsee erheben,

hat der Park einen weiteren Höhepunkt zu bieten, nämlich einen der größten zusammenhängenden Buchenwälder der Küste. Auch zahlreiche Bäche, Moore und sogar kleine Wasserfälle sind hier zu entdecken. Die Pflanzenwelt ist überaus vielfältig. So gedeihen an den Steilküsten verschiedene Orchideen, im Moor sind Wollgras, der fleischfressende Sonnentau und seltene Moose zu Hause. Ungewöhnlich ist auch die

Vegetation der Strandflächen. Dort wachsen Salzmiere und -binse. So klein das Parkgebiet sein mag, so reich ist es an Tieren, die hier leben. In den feuchten Regionen sind es Amphibien, Schlangen und Co. Vor allem Moor-, Spring- und Grasfrosch sind zu nennen, ebenso Ringel- und Glattnatter, Teichmolch, Rotbauchunke und Erdkröte. An den Kreidefelsen brüten Mehlschwalben, im Wald sind es Zwergschnäpper.

Die Kreidefelsen der Halbinsel sind der Höhepunkt des Nationalparks. Mehr als 100 Meter ragen die Felsen an der Küste auf. Doch sie sind ein fragiler Schatz. Immer wieder brechen große Teile ab.

Der Rügener Jasmund-Nationalpark besteht zum größten Teil aus Laubwald, fast 80 Prozent der Fläche bilden dabei Buchen.

BIOSPHÄRENRESERVAT SÜDOST-RÜGEN

Viele Rügen-Besucher kennen vor allem die Strände und Promenaden von Binz oder Sellin. Sie ahnen nicht, dass sich ab Binz das 228 Quadratkilometer umspannende Biosphärenreservat Südost-Rügen über den Nordosten der Insel erstreckt. Im Jahr 1991 wurde es von der UNESCO anerkannt. Es umfasst sieben Naturschutzgebiete, darunter das Naturschutzgebiet Granitz mit dem 107 Meter hohen Tempelberg. Den flächen-

mäßig größten Anteil machen die Gewässer der Ostsee und vor allem der Rügische Bodden aus. Danach kommen anteilig Ackerfläche, Wald, Grünland und ein eher kleiner Anteil Sumpf und Moor. Auch Siedlungen gehören dazu, darunter die Ostseebäder Sellin, Baabe und Göhren. Steilufer wechseln sich mit Flachküsten ab, zum Meer hin liegen breite Strände, am Bodden sind geheimnisvoll raschelnde Schilfgürtel zu fin-

den. Es gibt Buchenwälder, Trockenrasen und Salzweiden. Letztere werden zwar längst nicht so viel überflutet, wie es an der Nordsee der Fall ist, dennoch gedeihen hier typische Pflanzen, wie der essbare Queller, die Salzaster oder die Strand-Grasnelke. Der Greifswalder Bodden hat eine besondere Bedeutung für die Fischerei, denn es handelt sich um den größten Laichplatz des Ostseeherings.

Die Halbinsel Mönchgut ist ein eigenes Naturschutzgebiet. Die Eiszeit hat die Landschaft geformt und Seen, Buchten und sanfte Hügel hinterlassen.

Knorrige alte Eichen und Buchen wachsen im herrlich ursprünglichen Wald der nur knapp einen Quadratkilometer großen Insel Vilm.

NATURPARK INSEL USEDOM

720 Quadratkilometer groß ist der Natur-park Insel Usedom und liegt direkt an der Grenze zum Nachbarland Polen. Natürlich sind die Steil- und Flachküsten, die Laub- und Nadelwälder, die Hügel und die Ebenen und nicht zuletzt das Meer landschaftlich reizvoll. Für die Tier- und Pflanzenwelt ha-ben die stillen Gewässer, die Moore und Halbinseln jedoch das größte Gewicht. Die Windwatten des Peenemünder Hakens,

Streifen, die aufgrund der Windverhältnisse trockenfallen, sind beispielsweise ein wichti-ger Rastplatz für Wasservögel. Die Vogel-welt ist überhaupt herausragend. 150 Arten brüten auf der Insel. Damit ist Usedom dies-bezüglich die artenreichste Gegend der ge-samten Region. Auch die nicht gerade häu-fig vorkommende Glattnatter ist hier ebenso heimisch wie der Fischotter. Buchen sind die typischen Bäume der Insel, an den Küsten

findet man allerdings auch viele Kiefern und in den Moorgebieten Erlen. Neben der be-merkenswert vielfältigen Natur sind auch die Seebäder und kleinen Dörfer Anzie-hungspunkte des Parks. Kulturelle Erkun-dungstouren führen zu Großsteingräbern, gewähren Einblicke in die Slawenzeit und zeigen die Spuren der Herzöge und Könige sowie die jüngere militärische Vergangen-heit Usedoms.

Verwunschen wirkt die Sumpflandschaft eines Erlenbruchs. Das Gewässer sorgt hier für eine nährstoffreiche Umgebung und schafft einen idealen Lebensraum für Amphibien.

In den Sumpf- und Moorgebieten auf Usedom finden viele Frösche hervorragende Bedingungen für ihre Laichplätze.

NATURPARK FLUSSLANDSCHAFT PEENETAL

Die Peene kann sich hier ausbreiten und so an ihren Ufern Bibern, Rehen, Bartmeisen, Rothalstauchern und Lachmöwen (kleine Bilder von oben) einen Lebensraum bieten.

Die an manchen Stellen beeindruckend mächtige Peene wird auch »Amazonas des Nordens« genannt. Sie fließt durch eine Wildnis, die tatsächlich exotisch und ursprünglich wirkt. Seit dem Jahr 2011 soll der knapp 334 Quadratkilometer große Naturpark dieses Paradies schützen. Kaum ein Fließgewässer hat so viele Fischarten zu bieten. Und durch die Lüfte flattern 150 Vogelarten, so viele wie an kaum einem anderen Ort in Deutschland. Viele Besucher kommen allerdings wegen der Fischotter und Biber, die in so großer Zahl vorhanden sind, dass eine Begegnung beinahe garantiert werden kann. Der Park erstreckt sich vom Kummerower See bis kurz hinter Anklam, wo die Peene in den Peenestrom mündet. Da es im gesamten Naturpark keine Begradigung der Flussläufe und keine Kanäle gibt, trägt er entscheidend zum Erhalt des größten zusammenhängenden Niedermoorgebietes von ganz Europa bei.

NATURPARK AM STETTINER HAFF

Der Wiedehopf (unten rechts) ist hier ebenso heimisch wie der Graureiher (oben rechts), und mehrere Storchpaare brüten regelmäßig. Dazu kommt der Fuchs, dessen Spuren man entdecken kann.

Im Nordosten von Mecklenburg-Vorpommern liegt – direkt an der Grenze zu Polen – der Naturpark Am Stettiner Haff. Ende des Jahres 2004 wurde er ins Leben gerufen und verfügt über eine Fläche von 537 Quadratkilometern. Die Hälfte davon ist Wald, darunter neben den künstlich angepflanzten Nadelwäldern vorwiegend die Baumsorten Eiche und Buche und in den Heidegebieten vor allem Birke und Kiefer. Das Stettiner Haff ist eine Region ausgedehnter Grünflächen.

Von mageren trockenen Sandböden, wie etwa in der Ueckermünder Heide, bis hin zu Mooren in den Flusstälern von Zarow, Randow und Uecker ist alles zu finden. Malerische Seen und die urtümliche Haffküste vervollständigen den Facettenreichtum des Naturparks. Dieser zieht nicht nur Besucher, sondern auch zahlreiche Tierarten an, die sich hier ganzjährig oder auf der Durchreise wohlfühlen. Wassersportler finden hier ein geschütztes Revier.

FISCHOTTER

Klein und wendig sind sie, und mit ihren spitzen Zähnen können sie sehr fest zubeißen: die Fischotter *(Lutra lutra)*. Obwohl sie in Europa in sehr vielen unterschiedlichen Regionen beheimatet sind, gehören sie zu den bedrohtesten Tierarten des Kontinents. Sie bevorzugen flache Flüsse, die in Überschwemmungsgebiete und Sumpflandschaften übergehen. Durch die zunehmende Trockenlegung und Begradigung vieler Flussläufe durch den Menschen werden die Fischotter zunehmend ihres natürlichen Lebensraums beraubt. Gewässer, an denen der Fischotter noch vorzufinden ist, gelten als gesund, und so ist ein Bestand an Fischottern ein gutes Zeichen für die gesamte Natur der Umgebung. Fischotter gehören zur Familie der Marder und sind hervorragende Schwimmer.

BIOSPHÄRENRESERVAT SCHAALSEE

24 Quadratkilometer umfasst der Schaalsee, der dem Biosphärenreservat den Namen gab. Es ist 309 Quadratkilometer groß und liegt zwischen Lübeck und Hamburg sowie der ältesten Stadt Mecklenburg-Vorpommerns, Schwerin. Über die Hälfte des 2000 von der UNESCO anerkannten Gebietes wird von Ackerflächen eingenommen. Außerdem gibt es viel Wald, vor allem Buche und Buchenbruch, und natürlich Gewässer. Ein ganzes Netz von Seen und Flüsschen durchzieht die Region. Häufig vertreten sind Sölle, runde, von der Eiszeit geformte Senken. In diesem Umfeld fühlen sich zahlreiche Libellenarten wohl. Nur in Norddeutschland zu finden und für die Insekten- und Vogelwelt ausgesprochen wichtig sind die Knicks. Diese extensiv bewirtschafteten Erdwälle werden nicht selten von weit über 1000 Tierarten bewohnt.

Stets auf der Suche nach Beute wirkt dieser junge Fischotter. Dabei muss es nicht immer Fisch sein, auch Eidechsen, Mäuse, kleine Vögel, Krebse und Insekten stehen auf seinem Speiseplan.

Im Schutz der Röhricht- und Schwimmblattgebiete haben zahlreiche Vögel (Kranich, links, und Drosselrohrsänger, rechts) ihre Brutplätze und Vogelkinderstuben.

NATURPARK STERNBERGER SEENLAND

Die Region hat auch historisch einiges zu bieten. Die Besiedlung durch die Slawen hat ebenso wie die Gründung zahlreicher Klöster eine Landschaft mit ganz eigenem Charakter hinterlassen.

Östlich des Schweriner Sees liegt der 540 Quadratkilometer große Naturpark Sternberger Seenland. Er beherbergt eine Mischung aus vielfältiger Landschaft und reicher Kultur. Liebliche Hügel treffen auf Teile der Mecklenburger Seenplatte. Ein landschaftliches Juwel sind die Durchbruchstäler der Warnow und Mildenitz. Wo die beiden Flüsse sich ihren Weg durch die Endmoränen bahnen mussten, sind bis zu 30 Meter hohe imposante Steilhänge entstanden. Für Vogelliebhaber interessant: Im Naturpark befindet sich einer der ältesten Seeadlerhorste weit und breit. Auch das Herz von Geologen schlägt höher, weil in dieser Gegend häufig »Sternberger Kuchen« gefunden wird. So heißt ein Gestein, überwiegend aus Sandstein, das überdurchschnittlich fossilreich ist.

NATURPARK MECKLENBURGISCHE SCHWEIZ UND KUMMEROWER SEE

1997 wurde der 616 Quadratkilometer große Naturpark gegründet. Sein Name sagt es schon: Die teils hügelige Landschaft erinnert stellenweise an Mittelgebirgsregionen. Hinzu kommt ein Netz von Seen und Fließgewässern, wie etwa die Peene. Ein großer Teil ist Ackerland, durchzogen von Grünland und Wald. Hier, im nördlichen Bereich der Mecklenburgischen Seenplatte, sind vereinzelt über 100 Jahre alte Eichen zu finden, ebenso wie Torfstiche und Streuobstwiesen. In vielen Dörfern sind Storchennester zu sehen, die noch bebrütet werden. Auch Kraniche und See-, Fisch- und Schreiadler brüten in nicht unerheblicher Zahl im Naturpark. Aber auch am Boden, meist eher zu hören als zu sehen, herrscht reges Treiben: Die Rotbauchunke, der Laub- und der Moorfrosch sind hier heimisch.

NATURPARK NOSSENTINER/SCHWINZER HEIDE

Im Naturpark gibt es Moore und Trockenrasen, Heide und Feuchtwiesen, dazwischen immer wieder hübsche kleine Dörfer, nicht wenige von ihnen bereits im 13. Jahrhundert gegründet.

Die Zahl der Menschen, die im 365 Quadratkilometer umspannenden Gebiet des Parks in den Landkreisen Müritz, Parchim und Güstrow leben, ist gering. Dafür gibt es reichlich Natur, hier inmitten der Mecklenburgischen Seenplatte. Über 60 Gewässer sind die Heimat zahlreicher Fischarten. Und auch Wasservögel tummeln sich hier in großer Menge. Der gesamte Naturpark ist Europäisches Vogelschutzgebiet. See- und Fischadler und auch die Große Rohrdommel brüten regelmäßig mit mehreren Paaren. Typisch für die Gegend sind sogenannte Sander. Dies sind Kies- und Sandablagerungen, Zeugen der Eiszeit vor rund 15 000 Jahren. Ein solcher »Flächensander« liegt auch im Herzen des Parks. Heute wachsen hier vorwiegend Kiefern, die mehr und mehr von Mischwäldern ersetzt werden.

Schreiadler (links) und Fischadler (rechts, beim Beutefang) sind häufig anzutreffende Bewohner der Mecklenburgischen Schweiz und rund um den Kummerower See.

NATIONALPARK MÜRITZ

Auf 322 Quadratkilometern Fläche befinden sich über 100 Seen, darunter Norddeutschlands größter See, die Müritz, die dem Park den Namen gibt. Davon gehört allerdings, um genau zu sein, nur ein Streifen zum Nationalpark. Östlich davon finden sich weitläufige Moorgebiete und Kiefernwälder mit Wacholdersträuchern. Der weitaus kleinere Teil des Parks ist von altem Buchenbestand und sanften Erhebungen geprägt. Einige

Bereiche davon gehören seit 2011 zum UNESCO-Weltnaturerbe. Rotbuchenwälder haben früher ganz Mitteleuropa dominiert. Nur langsam erobern sie sich, wie hier, ihren Lebensraum zurück. Sich selbst überlassen, bietet Totholz Spechten eine neue Heimat. Zwei bemerkenswerte heimische Pflanzen sind die Seerose, die auf vielen Gewässern ihre Pracht entfaltet, und das Schneidried. Diese Sumpfpflanze, auch »Binsenschnei-

de« genannt, kommt an kaum einem anderen Ort in Deutschland in dieser Fülle vor. Neben der Landschaft ist natürlich die Tierwelt ein faszinierender Anziehungspunkt. Das größte Säugetier des Landes, der Rothirsch, ist hier bei der Brunft zu beobachten und vor allem zu hören. Durch die Lüfte segeln Kraniche und Fischadler auf ihrem Zug. Seeadler bleiben sogar das ganze Jahr über in dieser Region.

In den Marschen trifft man auch auf dessen Bewohner: Rohrdommel und Kranich (Bildleiste oben und unten). Großes Bild: Leicht nebelverhangen zeigt sich die Kleine Müritz.

Während eines Spaziergangs von Serrahn nach Zinow lernt man auf dem Erlebnispfad viel über Buche, Birke, Traubeneiche und Kiefer.

NATURPARK FELDBERGER SEENLANDSCHAFT

Der 347 Quadratkilometer große Naturpark hat an Besonderheiten einiges zu bieten. Im dazugehörigen Naturschutzgebiet mit dem passenden Namen »Heilige Hallen« steht der älteste Buchenwald Deutschlands. Bereits im 19. Jahrhundert beeindruckte er die Menschen, weil er mit seinem geraden Wuchs an eine Kathedrale erinnert. Einige Exemplare sind 50 Meter hoch und bereits über 300 Jahre alt. Wenn die ältesten Buchen auch gerade nach und nach absterben, so bleibt der Wald doch etwas Außergewöhnliches. Junge Buchen wachsen nach, der Mensch greift in diesen Prozess nicht ein. So verwandelt sich diese Region allmählich in einen Urwald im besten Sinne. Ebenfalls erwähnenswert sind die Kesselmoore, eine Form, die nicht häufig zu finden ist. Es handelt sich um kleine Moore mit großem Torfreichtum. Besonders ist hier auch die Tierwelt. Fischotter werden immer wieder gesichtet. Sie sind das Wappentier des Parks. Auch Biber mögen die wasserreiche Gegend. Der Pommern- oder auch Schreiadler ist heimisch und auch See- und Fischadler sowie Schwarzstorch gehören hierher. Wer sich für Libellen interessiert, findet mit etwas Glück sehr seltene Arten. Hier ein paar Senken, dort ein Hügel oder einige Binnendünen sorgen für – nach norddeutschen Maßstäben – überraschende Höhenunterschiede.

Die Chance, einen Seeadler bei der Beutejagd zu beobachten, ist nirgendwo sonst in Deutschland so groß wie in der Feldberger Seenlandschaft.

Kleine Inseln liegen im Feldberger Haussee und warten auf Hobbyangler. Der bis zu zwölf Meter tiefe See teilt sich in drei Bereiche.

SEEADLER

Majestätisch sieht es aus, wenn der Seeadler seine bis zu 2,40 Meter breiten Schwingen ausbreitet und durch die Luft segelt. Dabei zählt der Seeadler – anders als der im Alpenraum beheimatete Steinadler – gar nicht zur Gatting der Echten Adler (Aquilae), sondern zu den Habichtartigen. Diese taxonomische Einordnung nimmt dem Seeadler aber nichts von seiner Eleganz und Schnelligkeit. Er ernährt sich überwiegend von Fischen und anderen Seevögeln, nur selten kommt ihm ein Kaninchen oder eine Maus in die Fänge. Besonders gern räubert der Seeadler in Brutkolonien von Lummen, Kormoranen oder Tölpeln, deren Vieltausende Jungvögel ein leckeres Büffet ab-

Seeadler, Elster und Kolkrabe machen sich gemeinsam über den Kadaver eines Rehs her. Der Adler ist durchaus auch ein Aasfresser und greift auf die Beute von Wölfen zurück.

geben. Ein wenig mehr anstrengen muss sich der Greifvogel bei der Jagd nach Fischen, aber auch hier zieht er einfache Beute direkt an der Wasseroberfläche vor. In Mecklenburg-Vorpommern und in Brandenburg leben die meis-ten der heute etwa 570 Brutvogelpaare Deutschlands, hier ist die Wahrscheinlichkeit am größten, eines der eleganten Tiere beim Flug zu beobachten. Dabei breitet der Seeadler *(Haliaeetus albicilla)* seine Flügel brettartig aus und liegt ruhig in der Luft. Doch seinen wachen Augen entgeht keine Regung. Wer in der nordnorwegischen Stadt Bodø das Glück hat, einen Seeadler zu sichten, der darf sich im Seeadler-Club der Stadt anmelden.

NATURPARK MECKLENBURGISCHES ELBETAL

Das Tal der Elbe und seine Umgebung gehören zu den wenigen Flusslandschaften in Deutschland, die über weite Strecken weitgehend naturnah sind. Ein solches Gebiet kann unmöglich in Teilbereichen geschützt werden. Darum arbeiten fünf Bundesländer, Mecklenburg-Vorpommern, Schleswig-Holstein, Brandenburg, Sachsen-Anhalt und Niedersachsen, hier zusammen. Auf 400 Elbekilometern haben sie das Biosphärenreservat Flusslandschaft Elbe unter Schutz gestellt. Das 3750 Quadratkilometer umschließende Areal wurde 1997 von der UNESCO anerkannt. Der Naturpark Mecklenburgisches Elbetal ist ein Teil davon. Er beinhaltet wiederum 13 Naturschutzgebiete, die vollständig oder anteilig auf seinem 426 Quadratkilometer umfassenden Gebiet liegen. Neben den verschiedenen Nebenflüssen gibt es Heide- und Waldlandschaften, Binnendünen und Flugsandflächen sowie überraschend steile Uferhänge. Die ehemalige innerdeutsche Grenze hat dafür gesorgt, dass dies alles recht unberührt blieb. Die Städtchen Dömitz, Lübtheen und Boizenburg gehören zum Park und haben einige Sehenswürdigkeiten zu bieten. Zahlreiche Vogelarten rasten und brüten hier, der Weißstorch in großer Zahl und auch Sing- und Zwergschwäne sowie Gänse und Kraniche sind zu beobachten.

Die Elbe bietet vielfach ein idyllisches Bild. Mit ihren Haupt- und Nebenarmen fließt sie gemächlich durchs Norddeutsche Tiefland, hier bei Boizenburg.

Die Elbe ist im Unterschied zu Rhein oder Donau über weite Strecken naturbelassen, der Hauptstrom wurde nicht in ein Bett gezwungen.

NATURPARK UCKERMÄRKISCHE SEEN

Nähme man von Berlin aus den direkten Weg hinauf an die Ostsee, würde man mitten durch den Naturpark Uckermärkische Seen fahren. 897 Quadratkilometer ist er groß, knapp die Hälfte der Fläche ist von Wäldern bedeckt. Das sind im Norden vor allem Hain- und Rotbuchen, Eichen und Ahorn. Im Süden bestimmen Kiefern das Bild. Gewässer und Moore nehmen nur zehn Prozent des Umfangs ein. Trotzdem hat der Park 230 Seen zu bieten. Neben 25 Naturschutzgebieten, die hier eingerichtet wurden, sind vor allem zwei EU-Vogelschutzgebiete zu nennen, die zusammen 577 Quadratkilometer für sich beanspruchen. Nur an wenigen Orten tritt der Fischadler in so großer Zahl auf wie hier. Kein Wunder, dass er zum Wappentier des Parks erkoren wurde.

BIOSPHÄRENRESERVAT SCHORFHEIDE-CHORIN

Das Biosphärenreservat war jahrhundertelang ein berühmtes Jagdrevier. Was für das Wild gefährlich war, war für die Flora die Rettung, denn man hat möglichst wenig in die Natur eingegriffen und die dichten Wälder belassen. Heute ist das 1258 Quadratkilometer große Areal das zweitgrößte Naturschutzgebiet Deutschlands. Ein Teil gehört sogar zum UNESCO-Welterbe. Es gibt Kiefern-, natürlichen Erlenbruchwald und Traubeneichenwälder. Besonders beeindruckend sind Eichen, deren Alter auf 400 bis 600 Jahre geschätzt wird. In dem 1990 gegründeten Reservat leben an den Ufern von 240 Seen und Tausenden Mooren nur wenige Menschen. Tiere, die woanders nur noch selten zu finden sind, kommen dafür in umso größerer Zahl vor: Biber und Fischotter, Kraniche, Schwarzstörche und Adler.

An den Gewässern sind Eisvogel (rechts), Krick-, Schell- und Knäkenten zu Hause. Doch nicht nur in der Luft ist die Artenvielfalt des Parks groß. Am Boden tummeln sich die bedrohten Fischotter.

Durch die Schorfheide verläuft die Nordsee-Ostsee-Wasserscheide von der dänischen bis zur tschechischen Grenze. Die Landschaft, vor allem die Gewässer, wurde von der Eiszeit geformt.

NATIONALPARK UNTERES ODERTAL

Der Nationalpark ist in mehrerlei Hinsicht bemerkenswert. Zum einen handelt es sich um das erste Schutzgebiet, das Deutschland gemeinsam mit seinem Nachbarland Polen gegründet hat. Zum anderen ist das Untere Odertal der einzige in Deutschland existierende Auennationalpark. Fast überall verschwindet diese Landschaftsform der am Flussufer liegenden Überschwemmungsgebiete, die dem Gewässer auch bei Starkre-

gen die Möglichkeit geben, sich über sein Bett hinweg auszubreiten. Verabschiedet sich der Winter, werden die sogenannten Nasspolder geflutet. Auf 60 Kilometern Länge entlang der Oder wird die Region zum idealen Rastplatz für Wasservögel, die zu Hunderttausenden kommen. Spektakuläre Eindrücke sind garantiert, wenn morgens der Nebel von den anscheinend alles umschlingenden Nassflächen aufsteigt oder die

Sonne sich glitzernd darin spiegelt. 1995 wurde der 105 Quadratkilometer große Nationalpark ins Leben gerufen. Er ist sowohl für Radfahrer als auch für Fußgänger bestens erschlossen. Die Gegend lässt sich beispielsweise herrlich entlang der 120 Kilometer Wegstrecke auf Deichen erkunden. Neben einer einzigartigen Natur finden sich hier hübsche Städtchen und interessante Ausflugsziele.

Im Winter ein maritimes Reich für Biber und Vögel aller Art, im Sommer saftige Wiesen und Weiden für das Vieh: Das untere Odertal ist ohne Zweifel eine ganz außergewöhnliche Landschaft.

Schon Friedrich der Große versuchte, die Oder schiffbar zu machen, verzweifelte aber am Fluss, der immer wieder über die Ufer trat.

NATURPARK STECHLIN-RUPPINER LAND

Eine alte Buche steht im Großen Stechlinsee, nach dem Theodor Fontane die Hauptfigur in seinem gleichnamigen Roman benannte.

Das sogenannte Großschutzgebiet Brandenburgs ist 680 Quadratkilometer groß und schließt neben dem Stechlinsee das Rheinsberger Seengebiet und die Ruppiner Schweiz ein. Der Stechlinsee ist mit knapp 70 Metern der tiefste See des Bundeslandes. Er gab Theodor Fontanes letztem Roman den Titel. Obere Havel und Rheinsberger Rhin fließen durch die Landschaft. Viele Spechtarten, aber auch Kranich, Fischadler und Eisvogel sind

hier zu Hause. Wappentier des Parks ist die Schellente. Die Weibchen haben ein graues, die Männchen ein schwarz-weißes Gefieder. Auffällig bei beiden sind die leuchtend gelben Augen. Weit über die Hälfte des Naturparks ist von Wäldern bedeckt. Typisch sind die ausgedehnten Buchenwälder. Dazwischen verstreut liegen über 100 Seen, die meisten davon Klarwasserseen, in denen man herrlich baden kann. Der Große Stechlinsee, kurz

»der Stechlin« genannt, ist einer der wichtigsten Klarwasserseen Norddeutschlands. Im Zentrum der Region liegt obendrein das kulturelle Zentrum. Die Stadt Rheinsberg mit ihrem Schloss erlangte durch Kurt Tucholskys Erzählung »Rheinsberg« große Berühmtheit. Auch Theodor Fontane erwähnte die Stadt in seinen Wanderbeschreibungen. Man sollte auch einen Besuch in Wittstock/Dosse oder in Fürstenberg/Havel nicht versäumen.

Nur rund fünf Minuten Zeit braucht ein ausgewachsener Biber, um Baumstämme von der Dicke eines menschlichen Oberarms zu fällen.

Der Biber ist das größte Nagetier der Nordhalbkugel. Oft wird er mit der Bisamratte verwechselt, die ähnlich gefärbt, aber viel kleiner ist. Und ihr fehlt die Biberkelle, der breite, abgeplattete unbehaarte Schwanz, der dem Biber zum Steuern beim Tauchen und als Fettdepot dient. Die Kelle benutzt der Baumeister also keineswegs zur Anlage seiner Dämme und Burgen, diese Arbeit wird mit Zähnen und Pfoten ausgeführt. Ausgesprochene Biberburgen finden sich nur dort, wo die Tiere lange ungestört bleiben. In Mecklenburg-Vorpommern siedelte man in den 1990er-Jahren gezielt wieder Biber in der Sternberger Seenlandschaft und an der Peene an. Und wie andernorts auch wuchs ihr Bestand in ungeahnte Höhen. Abgesehen von Konflikten mit Hundebesitzern und Forstleuten, die geflutete, absterbende Nadelwälder nicht gern sehen, führte die Arbeit der fleißigen Nager in Deutschland aber auch zu Schäden an Hochwasserdämmen. Die Biber greifen aktiv in die Struktur der Landschaft ein, denn sie graben Transportkanäle und setzen ihre Umgebung gern unter Wasser. Das geschieht, um Nahrungsreserven zu sichern. Am Rand der Staunässe wachsen dann sehr schnell Weiden nach, deren Schösslinge die Nager mit Vorliebe knabbern.

NATURPARK BARNIM

Die für das Gebiet typischen Buchenwälder umgeben den Liepnitzsee. Der herrlich saubere und klare See entwickelt sich immer mehr zu einem Ausflugsziel der Berliner.

Direkt nördlich von Berlin zwischen Oranienburg, Liebenwalde, Eberswalde und Bernau liegt der 749 Quadratkilometer große Naturpark Barnim. 1999 wurde er ins Leben gerufen. Über die Hälfte der Fläche, die an das Biosphärenreservat Schorfheide-Chorin grenzt, ist von Wald bedeckt, in erster Linie sind Kiefern anzutreffen. Am Liepnitzsee findet man Buchen-, im Kreuzbruch Eichenmischwälder. Nur etwa drei Prozent des Parks bestehen aus Gewässern. Die können sich jedoch sehen lassen. Hübsche kleine Seen mit größtenteils wunderbar klarem Wasser – Strandbäder und -cafés inklusive – laden zum Baden und Angeln ein. Idyllische Bachläufe eignen sich für ausgedehnte Spaziergänge. Hier ist mit etwas Glück auch das Wappentier des Parks, die Rotbauchunke, anzutreffen.

NATURPARK WESTHAVELLAND

Kurz hinter Berlin fängt die Wildnis an: Die Havel formt hier ein naturbelassenes Reich, das vor allem mit seiner Artenvielfalt in der Vogelwelt beeindruckt.

Dieser Park ist ein Ort der Superlative. Im gesamten westlichen Mitteleuropa findet sich im Binnenland kein größeres zusammenhängendes Feuchtgebiet. Brandenburgs größter Naturpark ist er mit 1315 Quadratkilometern ohnehin. Nur 70 Kilometer vom dicht bevölkerten Berlin entfernt, ist davon hier nichts zu spüren. In großer Zahl trifft man höchstens auf Wat- und Wasservögel, die ein optimales Brutgebiet vorfinden. Im Herbst kommen Kraniche und Wildgänse. Von ihnen wurden in manchem Jahr 100 000 gesichtet. Wer im Frühjahr kommt, will meist die Großtrappe sehen. Dann lässt sich das beeindruckende Tier, einer der schwersten flugfähigen Vögel, bei der Balz beobachten. Wappentier ist jedoch der Kampfläufer, eine Schnepfenart. Zudem darf sich das Westhavelland als erste Region Deutschlands »Sternenpark« nennen.

NATURPARK MÄRKISCHE SCHWEIZ

Auf der knapp 21 Kilometer langen Naturparkroute kann man die verschiedenen Facetten der Märkischen Schweiz kennenlernen, darunter auch dichte Marschlandschaften.

Der Naturpark Märkische Schweiz hat mehr mit der Eidgenossenschaft gemein, als man auf den ersten Blick meint. Seine Fläche ist mit 205 Quadratkilometern recht überschaubar, es ist der kleinste seiner Art in Brandenburg. Gipfel und Schluchten, Wälder und Seen sowie fantastische Ausblicke auf die zauberhafte Natur zählen zu seinen Höhepunkten. Im September 1990 wurde ein kleines Landschaftsschutzgebiet auf etwa die fünffache Größe erweitert und damit der Park gegründet. Forste beanspruchen über die Hälfte davon für sich. Sie alle sind, ebenso wie Wiesen und Grünflächen, hervorragend für Wanderer erschlossen. Der Tier- und Pflanzenreichtum ist beeindruckend: Mehr als 1000 Farn- und Blütenpflanzen sind nachgewiesen, dazu 129 Muschel- und Schnecken-, 246 Vogel- und 11 Fledermausarten.

NATURPARK DAHME-HEIDESEEN

Ein Graureiher fliegt über die Dahme. Kanu-Touren entlang des Flusses bringen Besuchern den Lebensraum des Vogels eindrucksvoll näher.

Südöstlich von Berlin liegt der knapp 600 Quadratkilometer große Naturpark Dahme-Heideseen. Sein Name ist Programm: Über 100 Seen gehören zu seinem Gebiet. Dazu gesellen sich Moor- und Sumpflandschaft, Wiesen und Felder und dichte Eichen- sowie Erlenbruchwälder. Nicht zu vergessen die Dahme, ein Nebenfluss der Spree. Das Wappentier des Parks ist der Walker, ein Verwandter des Maikäfers. Sein Zuhause sind Dünen, Kiefernwälder und sandiger Boden. Das alles findet er hier reichlich. Außer ihm gibt es Eisvögel, Fisch- und Seeadler, Kraniche und auch Fischotter. Reizvoll ist die Kombination aus unberührt scheinender Natur und den Spuren verschiedener Besiedlungsphasen. Frühe Zeugen der Vergangenheit sind die Rundlingsdörfer der Wenden. In späterer Zeit kamen Gutshäuser und Wasserschlösser hinzu.

BIOSPHÄRENRESERVAT SPREEWALD

1991 wurde das 475 Quadratkilometer große Biosphärenreservat zwischen Cottbus,
Dresden und Berlin von der UNESCO anerkannt. Die letzte Eiszeit hat dafür gesorgt,
dass die Spree hier zu einem feinen Netz
kleiner Fließgewässer wurde. Zu den natürlichen kamen im Lauf der Jahre künstliche
hinzu, die es auf eine Länge von insgesamt
rund 1550 Kilometern bringen. Daran an-
grenzend, findet man Feuchtwiesen und Auenwälder. Das Gebiet ist in verschiedene
Schutzzonen eingeteilt. Die Kernzone 1 mit
zwei Prozent der Gesamtfläche beinhaltet
naturnahen Wald, der nahezu unberührt ist.
Der Schwerpunkt des Biosphärenreservats
widmet sich interessanterweise der Nutzung
durch den Menschen, genauer gesagt: der
landwirtschaftlichen Nutzung. Die war in
dieser Region durch kleine Hofstellen geprägt. Rein finanziell würde sich die Bewirtschaftung längst nicht mehr lohnen. Doch
für die Kulturlandschaft ist deren Erhalt von
großer Bedeutung. Darüber hinaus versucht
man, Kanäle zu renaturieren und den Was-
serhaushalt langfristig zu sichern. Denn auch
der Erhalt des Lebensraums von Tieren und
Pflanzen spielt natürlich eine bedeutende
Rolle. Dazu gehören Weiß- und Schwarzstorch, Biber und Fischotter sowie über 800
Schmetterlings- und knapp 50 Libellenarten.

600 Fährleute warten in diesem größten Erlen-Auwald Europas darauf, den Städtern in ihren Holz-kähnen stakend ein Stück Natur näherzubringen.

Welche Märchenwesen mögen hier wohnen? Wassernixen und Flussjungfrauen, Moorgeis-ter und Sumpfhexen?

NATURPARK SCHLAUBETAL

Das Schlaubetal, ein von der Eiszeit geformtes Netz aus Schmelzwasserläufen, steht bereits seit den 1960er-Jahren unter Schutz. Seit Ende 1995 existiert der gleichnamige, knapp 228 Quadratkilometer umfassende Naturpark. Das Tal der Schlaube genießt den Ruf, das schönste Bachtal Ostbrandenburgs, wenn nicht gar ganz Brandenburgs zu sein. Dazu mag das unmittelbare Nebeneinander unterschiedlichster Landschaften beigetragen haben. Einige seiner Flüsse und Bäche tosen mit beachtlichem Tempo durch ihr Bett, dann gibt es wieder gemächlich dahinplätschernde »Fließe« und stille Seen. Karge Sandböden wechseln sich mit Sumpfgebieten ab, dann wieder trifft man auf blühende Heide und dichte Laubwälder. Die Region nennt sich auch »Naturpark des Wanderns« und ist tatsächlich optimal für Fußgänger erschlossen.

NATURPARK NUTHE-NIEPLITZ

Es ist schon faszinierend: Nicht einmal eine Autostunde von Berlins Innenstadt entfernt findet man üppige Wildnis und Natur pur. Die Niederungen von Nuthe und Nieplitz bilden den Kern des 623 Quadratkilometer großen Parks. Seit der zweiten Hälfte des 18. Jahrhunderts wurden die beiden Flüsse ständig verändert und begradigt. Beinahe naturbelassen sind nur noch die Abschnitte der Nuthe auf dem einstigen Truppenübungsplatz Jüterbog West und der Nieplitz bei Treuenbrietzen. Feuchtwiesen, Bruchwälder, Heide und eine der wenigen aktiven Flugsanddünen im Binnenland liegen hier dicht beieinander. Sie sind der Lebensraum vieler bedrohter Pflanzen und Tiere. Hier brütet der Kranich, das Wappentier des Parks. Außer ihm bevölkern Wildgänse, Rot- und Schwarzmilane, Baumfalken und Silberreiher die Lüfte.

Eine alte Buche wacht über den Wald des Schlaubetals. Schellenten nutzen die Bäume gerne als Bruthöhlen für ihren Nachwuchs.

Der Wolf hat in Brandenburg wieder Einzug gehalten, ist aber sehr menschenscheu. Frostpestwurz und Schlangenknöterich (Bildleiste von oben) sind da einfacher anzutreffen.

WÖLFE

Gefürchtet und dämonisiert: Kein anderes Tier haben die Menschen gnadenloser gejagt als den Wolf. Dabei richtet er viel weniger Schaden an, als der Volksglaube meint.

In einem deutschen Universallexikon aus dem Jahr 1758 heißt es über den Wolf, er sei »gefräßig, grausam, arglistig und der gefährlichste Feind der wilden und zahmen Tiere«, kurzum »das schädlichste Geschöpf Gottes«, das »die Menschen angreift, zerreißt und frisst«. So schätzte man den Wolf seit dem Mittelalter ein und setzte sich zum Ziel, ihn auszurotten. Das gelang auch: 1743 wurde der letzte Wolf in Großbritannien erlegt, 1772

in Dänemark, 1904 in Deutschland. Längst weiß man, dass die Dämonisierung des Wolfes heillos übertrieben war und dieses Tier keineswegs der größte Feind des Menschen ist. Und so lässt man wieder zu, dass es sich in Europa verbreitet. Er braucht ein großes Revier, in dem er jagen und seine Jungen großziehen kann. Entscheidend ist für ihn dabei, wie viel Beute sein Lebensraum bietet – Hirsche oder Wildschweine verspeist der Wolf

ebenso gern wie Fische und Mäuse. Wölfe gehören zu den ausdauerndsten Jägern überhaupt und können ihre Beutetiere im Team auch stundenlang hetzen. Neben seiner Ausdauer vertraut er auf den sozialen Verband des Rudels, in dem strenge Regeln gelten. Wölfe bringen ihre Welpen in Höhlen oder unterirdischen Bauten zur Welt. Erst mit rund vier Wochen verlassen die Jungen das erste Mal den Bau, um ihr Revier zu erkunden.

Die eindrucksvoll gewundenen Hörner der Mufflonwidder werden nicht abgeworfen und lassen Rückschlüsse auf das Alter ihres Trägers zu.

Gegen den Wolf sind sie chancenlos: Wenn er zum Sprint ansetzt, um sie als Beute zu reißen, gibt es für die Europäischen Mufflons kein Entkommen. Noch rund 8000 Exemplare des Muffelwilds leben in Deutschland, doch mit dem vermehrten Zuzug des Wolfs, ihrem gefährlichsten Fressfeind, sieht ihre Zukunft alles andere als rosig aus. In der Lausitz sind die Mufflons nach der Rückkehr des Raubtieres schon verschwunden, vor allem in Brandenburg, Thüringen und Hessen leben noch einige Herden. Aber auch diese haben es nicht leicht: Hier bemängeln Naturschützer, dass die Tiere seltenen Pflanzen zusetzen. Sein Los ist also das umstrittene Schicksal eines Immigranten: Der Europäische Mufflon (*Ovis orientalis musimon*) gehört eigentlich gar nicht nach Mitteleuropa, er wurde aus Korsika und Sardinien eingebürgert. Ihre Hufe sind daher auch eigentlich für trockene Böden und Hochgebirgslagen geeignet und nicht für die weichen, feuchten Wiesen Mitteldeutschlands. Dennoch gibt es auch vielerorts Bestreben, die hier lebenden Wildschafe zu schützen und ihnen ausreichend Rückzugsorte zu bieten. Den Widdern wachsen im Laufe ihres Lebens imposante eingedrehte Hörner, die bis zu 80 Zentimeter lang werden können, die Schafe bilden keine Hörner aus.

NATURPARK HOHER FLÄMING

Neben größeren Tieren wie Mufflons und Marderhunden kommen auch zahlreiche Vogelarten im Park reichlich vor, darunter der Mittelspecht.

Der Naturpark Hoher Fläming liegt im Westen Brandenburgs, nicht weit von Sachsen-Anhalt. Er hat seinen Namen von den Flamen, die hier im 12. Jahrhundert siedelten. Mit 827 Quadratkilometern ist er das drittgrößte Schutzgebiet des Bundeslandes. Der größte Teil entfällt auf Wald und landwirtschaftlich genutzte Flächen. Es ist eine Region der Sagen, Mythen und der Kunst. Auch Berge spielen eine besondere Rolle. Für Fremde überraschend: Der Hagelberg ist mit 200 Metern die höchste Erhebung. Steine sind quasi allgegenwärtig. Das schlägt sich auch in der traditionellen Bauweise, etwa in den Feldsteinkirchen, nieder. Der Mittelspecht, eine in Mitteleuropa eher selten anzutreffende Spechtart, ist das Wappentier des Hohen Fläming. In den Gewässern tummeln sich Bachforelle und Edelkrebs.

NATURPARK NIEDERLAUSITZER HEIDELANDSCHAFT

Ähnlich wie der Niederlausitzer Landrücken ist auch dieser Naturpark zunächst eiszeitlich und danach vom Kohleabbau geprägt. Er liegt im Süden Brandenburgs und umfasst 484 Quadratkilometer. Das Herz des Parks ist ein ehemaliger Truppenübungsplatz, das heutige Naturschutzgebiet Forsthaus Prösa mit großen Flächen von violett blühender Callunaheide und Silbergras. Wo einmal die Panzer rollten, können jetzt Schäfer mit ihren Heidschnucken angetroffen werden. Daran schließt sich ein ausgedehnter Traubeneichenwald mit 200 bis 300 Jahre alten Bäumen an. Unweit davon wartet ein weiterer Höhepunkt, das Naturschutzgebiet »Der Loben«. Hier wurde früher Ton für die ansässigen Töpfereien abgebaut. Inzwischen wird in dem Niedermoor nur noch Torf für medizinische Zwecke gestochen.

NATURPARK NIEDERLAUSITZER LANDRÜCKEN

Der seltene Raufußkauz wurde zum Wappentier des Naturparks erklärt. Die kleine Eule jagt nur während der Nacht.

Bis 1991 wurde in der Region Kohle abgebaut. Davon zeugt die Landschaft des rund 580 Quadratkilometer großen Naturparks noch heute. An manchen Stellen kommt man sich vor wie in einer anderen Welt. Das ist vor allem dort der Fall, wo geflutete Gruben noch schroffe Steinformationen erkennen lassen. Hinzu kommen große Moorgebiete und weite Wälder. Hier brütet das Wappentier des Parks, der Raufußkauz. Der Herbst ist die Zeit der Kraniche. Tausende von ihnen machen dann Rast im Luckauer Becken. Die Zahl rastender Gänse liegt allerdings um ein Vielfaches höher. Im Frühjahr ist auf einer Insel des Stoßdorfer Sees die Kinderstube von bis zu 4000 Lachmöwen-Paaren zu bestaunen. Eine kleine Herausforderung zu Fuß oder per Rad ist die Calauer Schweiz mit ihren Erhebungen.

»Der Loben«, ein Teil des Naturparks Niederlausitzer Heidelandschaft (linke Seite), ist der Lebensraum verschiedenster Pflanzen, einige davon gelten als gefährdet.

BIOSPHÄRENRESERVAT FLUSSLANDSCHAFT ELBE

Nördlich von Dessau mündet die Mulde in die Elbe und verbreitert den Wasserlauf ab hier. Die unberührten Auenlandschaften gehören vor allem in den Morgenstunden ganz Flora und Fauna.

Weite Auenlandschaften charakterisieren das Biosphärenreservat Mittelelbe, das sich von Seehausen in der Altmark bis zur Lutherstadt Wittenberg erstreckt. Es ist der sachsen-anhaltinische Teil des Biosphärenreservats Flusslandschaft Elbe. Die weitgehend naturbelassenen Feuchtwälder an Elbe und Mulde sind ein Refugium für viele vom Aussterben bedrohte Tier- und Pflanzenarten. Das gilt besonders für den Elbebiber, der nach dem Zweiten Weltkrieg nur noch hier zu finden war, bevor er dank besserer Schutzmaßnahmen andere Regionen zurückeroberte. An die Auengebiete mit ihren Sumpfflächen und Altwasserarmen schließen sich ebenso wertvolle Magerrasen-Landschaften an. Besonders faszinierend ist der große Vogelreichtum. Neben 179 Brutvogelarten finden sich zur Zugzeit mindestens 100 weitere Arten ein, darunter riesige Schwärme von Kranichen.

Im Fläming gibt es einen beachtlichen Bestand an Damhirschen (oben), Schwarzspechten und Baummardern (unten) sowie an Roten Waldameisen, die andernorts als gefährdet eingestuft werden.

Der Naturpark Fläming erstreckt sich als sanfte Hügellandschaft mit schönen Mischwäldern nördlich der Städte Zerbst, Roßlau, Coswig und der Lutherstadt Wittenberg hin zur brandenburgischen Grenze, wo er in den Naturpark Hoher Fläming übergeht. Wanderer finden hier viele schöne Touren, die oft an Burgen, Schlössern, Herrenhäusern und alten Feldsteinkirchen vorbeiführen. Im Norden gibt es bei Golmengelin besonders schöne Wälder mit Buchen und Traubeneichen. Im Wald von Bärenthoren lässt sich auf einem Lehrpfad erkunden, wie bereits im 19. Jahrhundert ein fortschrittlicher Forstwissenschaftler begann, das Prinzip der nachhaltigen Waldnutzung umzusetzen. Fahrradtouristen können den westlichen Teil des Naturparks auf dem Flämingradweg erkunden und den östlichen von Wittenberg aus auf dem Europaradweg 1 in Richtung Berlin.

NATURPARK DÜBENER HEIDE

Sanfte Hügel mit lichten Kiefer-, Birken- und Buchenwäldern bestimmen den Naturpark Dübener Heide, der sich zwischen Wittenberg und Leipzig am westlichen Elbufer erstreckt. Die von der Eiszeit geprägte Landschaft ist das größte zusammenhängende Waldgebiet Mitteldeutschlands, das sich durch einen besonderen Reichtum an Quellen, kleinen Bächen, versteckten Teichen und romantischen Waldseen auszeichnet.

Dichte Birkenwälder prägen die Landschaft. Fuchs und Hase werden sich auch hier kaum gute Nacht sagen, dennoch teilen sie sich den Lebensraum mit Dachsen und Schwänen.

Dazu kommen sogenannte Moortaschen, die sich im Laufe der Zeit aus verlandeten Gewässermulden gebildet haben. Teilweise wurden sie für die Moorbäder in den Kurorten genutzt, teilweise hat man sie unter Schutz gestellt. Heute findet man dort viele selten gewordene Pflanzen wie Preiselbeeren, Wollgras und den fleischfressenden Sonnentau. Von der Anwesenheit des Elbebibers zeugen zahlreiche Biberburgen.

NATIONALPARK HARZ (HOCHHARZ)

Kahl und lang gezogen dominiert die Kuppe des Brockens den sachsen-anhaltinischen Teil des Nationalparkes Harz. Dieser ist nur 89 Quadratkilometer groß und erstreckt sich rund um Norddeutschlands höchsten Berg. Abgesehen vom Gipfel des Brockens, ist das Nationalparkgebiet fast vollständig von dichten Wäldern bedeckt. Vor allem nach Norden fällt das Gebirgsplateau steil ab, während es nach Süden flacher ausläuft. An den Hängen lassen sich alle Vegetationsstufen beobachten: von lichten Buchenwäldern über montane Fichtenwälder bis hin zur alpinen Zwergstrauchheide. Im 19. Jahrhundert wurden viele bergbaubedingte Kahlschläge mit borkenkäferanfälligen Fichten wieder aufgeforstet. Inzwischen bemüht man sich, diese sukzessive wieder durch die ursprünglicheren Buchen und Bergahorne zu ersetzen.

BROCKEN

Vom Wurmberg geht der Blick auf den Brocken. Eine Fahrt mit der Schmalspurbahn auf den 1141 Meter hohen Berg gehört zu jedem Nationalparkbesuch dazu.

Der 1141 Meter hohe Brocken ist das Wahrzeichen des Harzes. Als einziger Mittelgebirgsgipfel Deutschlands ragt er über die Baumgrenze hinaus. Seine runde Kuppe ist einer der rauesten Orte in Deutschland und oft von eiskalten Winden umtost, in Nebel gehüllt oder unter meterdicken Schneedecken begraben. Kein Wunder also, dass die Menschen früher glaubten, hier würden sich die Hexen treffen. Später wurde auf dem Berg eine Reihe von Sendeanlagen installiert. Die exponierte Lage des Gipfels gewährleistet nicht nur eine große Reichweite von Funkwellen, sondern auch eine fantastische Aussicht. Einzigartig ist auch die Vielzahl von Wanderwegen unterschiedlicher Schwierigkeitsgrade, die auf den Brocken führen. Einige davon sind auch mit dem Mountainbike bzw. im Winter mit Langlaufskiern zu befahren.

Unter den Baumwipfeln verbirgt sich eine wildromantische, zerklüftete Landschaft mit zahlreichen tief eingeschnittenen Tälern und malerischen Granitklippen.

ILSETAL

Vom 473 Meter hohen Ilsestein bietet sich ein reizvoller Blick auf das Ilsetal, in dem die Ilse in ihrem Oberlauf noch verdeckt zwischen Felsen läuft.

Einer der Wege auf den Brocken führt durch das wildromantische Ilsetal. Er ist nach dem Dichter Heinrich Heine benannt, der ihn 1824 im Rahmen einer Wanderung von Göttingen nach Ilsenburg ging und seine Erlebnisse dann in dem Buch »Harzreise« festhielt. Darin schildert er die Wasser der »lieblichen Ilse« als eine Prinzessin, die im »weißen Schaumgewand« lachend und funkelnd die Schlucht hinabläuft. Der Weg von Ilsenburg durch die Schlucht auf den Brocken ist zwölf Kilometer lang. Dabei passiert man zahlreiche Naturhighlights wie die Ilsefälle, die auf einer Wegstrecke von über einem Kilometer in vielen Kaskaden talwärts stürzen, oder die Hermann-, Bismarck- und Paternosterklippen. Für Trittsichere lohnt sich, den fast senkrecht abfallenden Ilsenstein zu besteigen, der die Schlucht überragt.

NATURPARK HARZ

Ausgedehnte Wälder, tiefe romantische Täler, aber auch weite Hochebenen und große Stauseen prägen den 1660 Quadratkilometer großen Naturpark Harz, der sich im Osten an den Nationalpark Hochharz anschließt. Vor allem der Nordrand zwischen Wernigerode und Thale ist von steilen Felswänden, schroffen Klippen und Wasserfällen geprägt, um dann hinter Thale Richtung Falkenstein ebenso wie nach Süden in lieblichen Tälern auszu-

Im Gegensatz zu den schroffen Tälern im Norden präsentiert sich das Selketal im Osten sanft und stimmungsvoll. Der breite Talgrund mit alten Eichen und Buchen hat einen friedlichen Charakter.

laufen, die auch klimatisch im Schatten des Hochharzes liegen und deswegen mit milderen Temperaturen und weniger Regen punkten können. Auf dem Hochplateau finden sich heute mehrere Hochwasser-Schutzsperren. Sehenswert ist auch das »Innenleben« des Gebirges. Es gab nicht nur wegen der reichen Bodenschätze schon seit dem Mittelalter einen regen Bergbau, bei Rübeland lassen sich auch zwei Tropfsteinhöhlen besichtigen.

BODETAL

Das vielleicht berühmteste der Harztäler ist die nur 15 Kilometer lange, wildromantische Schlucht, die die Bode zwischen Altenbrak und Thale durchfließt. Stellenweise ist sie bis zu 280 Meter tief eingeschnitten. Am Grund durchschreitet man eine verwunschen scheinende Landschaft mit Felsklippen, Wasserfällen und bizarr geformten Bäumen, zwischen denen man eine Vielzahl seltener Pflanzen und Tiere entdecken kann wie Wasseramseln und Feuersalamander, Alpenaster und Hirschzungen, die sich speziell an diesen Lebensraum angepasst haben. Wer die Mühe nicht scheut, kann aus dem Tal zu schönen Aussichtspunkten aufsteigen, vor allem auf die beiden exponierten Plateaus Hexentanzplatz und Rosstrappe, die bei Thale ein Tor zum Bodetal bilden. Beide sind auch mit einer Seilbahn bzw. einem Sessellift erreichbar.

Nicht nur Heine, sondern auch Goethe unternahm einige Wanderungen im Harz. Ihm zu Ehren wurde der acht Kilometer lange Goetheweg ernannt, der teilweise an der Bode entlangführt.

Die Kalte Bode ist einer der beiden Quellflüsse der Bode im Harz. Der Fluss mündet nach 169 Kilometern in die Saale.

NATURPARK UNTERES SAALETAL

Umgeben von lichten Auwäldern, idyllischen Streuobstwiesen und malerischen roten Felsformationen, schlängelt sich die Saale zwischen Nienburg und Halle durch eine eiszeitlich geformte Hügellandschaft. Immer wieder durchschneidet der Fluss Bergzüge, um sich danach wieder ein breiteres Bett zu suchen. Sehr reizvoll und ökologisch wertvoll sind die Seitentäler, die oft in engster Nachbarschaft ein völlig unterschiedliches Mikroklima aufweisen: von karg und trocken bis feucht und dicht bewaldet. Dies hat eine vielfältige Flora und Fauna zur Folge. Generell begünstigt das regenarme Klima jedoch seltene Trockenpflanzen. Außerdem finden sich hier rund 500 Arten von Großschmetterlingen und etwa 200 verschiedene Wildbienen. Die ausgedehnten Auenwälder dienen zudem zahlreichen Vogelarten als Brutplatz.

NATURPARK SAALE-UNSTRUT-TRIASLAND

Den Unterlauf der Unstrut zwischen Rossleben und Naumburg säumt eine uralte und abwechslungsreiche Kulturlandschaft. Steile Felshänge wechseln sich mit sanften Hügeln und weiten Streuobstwiesen ab. Dazwischen finden sich viele Städtchen, Burgen und Schlösser. Die besonders fruchtbaren Böden und das milde Klima haben schon vor über 3500 Jahren Menschen angelockt, wie der spektakuläre Fund der Himmelsscheibe von Nebra bewiesen hat. Sie schaffen auch die Voraussetzung dafür, dass an den zahlreichen günstigen Hanglagen Reben gedeihen. Entlang von Saale und Unstrut liegt das nördlichste Weinbaugebiet Europas. Eine Reihe prachtvoller Blumen weiß das trockene, sonnige Klima zu schätzen. Neben Türkenbund, Sonnenröschen und Diptam sind im Naturpark 25 Orchideenarten zu finden.

Die Saale schuf in diesem Naturpark eine liebliche Landschaft. Am schönsten lässt sich das Saaletal per Fahrrad erkunden.

Besuchern des Naturparks wird ein 1300 Kilometer langes Wanderwegenetz geboten, um dessen Vielfalt der Flora zu erkunden.

NATURPARK ERZGEBIRGE/VOGTLAND

Wellige Hügel im Westen, raue Höhenzüge im Osten, so präsentiert sich Deutschlands längster Naturpark. Er zieht sich von der Weißen Elster im Vogtland bis zur Freiberger Mulde im Osterzgebirge über 120 Kilometer an der deutsch-tschechischen Grenze entlang. Wie der Name nahelegt, wurde hier bereits seit dem Mittelalter intensiver Bergbau betrieben. Heute stellt der Kontrast zwischen der abwechslungsreichen Kulturland-

schaft und den Relikten fast unberührter Natur den besonderen Reiz der Gegend dar. Unbesiedelte Täler mit Schluchtenwäldern und Quellmooren, Hochmoore in den Kammlagen, Feucht- und Bergwiesen sowie die Reste der ursprünglichen Bergmischwälder bieten seltenen Tier- und Pflanzenarten wie dem Sperlingskauz, dem Birkhuhn, dem Eisvogel, der Flussperlmuschel und der Feuerlilie sowie vielen Enzian- und Orchideenarten

ein einzigartiges Refugium. Daneben zeugen alte Bergwerksstollen, Halden, Stauanlagen, idyllische Heckenlandschaften und Bergbaustädtchen von menschlicher Nutzung. Mit Erhebungen über 1200 Meter gehört das Erzgebirge zu den höchsten deutschen Mittelgebirgen. Markante Berggipfel sind jedoch Mangelware. Denn als Pultschollengebirge steigt das Erzgebirge auf der deutschen Seite flach an und läuft in Hochflächen aus.

Wiesenschaumkraut wächst auf einer Lichtung im Erzgebirge (großes Bild). Die markanten Greifensteine ragen aus den Wäldern um Ehrensfriedersdorf (rechts oben). Rechts unten: Rissfälle.

Im Westen schließt sich an das Erzgebirge das idyllische Vogtland an, das sich bis Gera, Lobenstein und Hof erstreckt.

Wenige Landschaften haben die Romantiker des 19. Jahrhunderts so begeistert wie die Sächsische Schweiz: ein idyllisches Flusstal, gesäumt von den ebenso malerischen wie bizarren Felsformationen des Elbsandsteingebirges. Geformt wurde diese Landschaft durch die Erosion, die im Verlauf von Millionen von Jahren dem weichen Sandstein zusetzte. Der Nationalpark umfasst die schönsten Gebiete am nördlichen Elbufer. Ein Teil

Die große geschlossene Waldfläche im westlichen Teil des Nationalparks Sächsische Schweiz dient vielen seltenen Tierarten als Rückzugsraum. Im Bild: Schrammsteine.

erstreckt sich westlich von Bad Schandau rund um die Bastei bis Stadt Wehlen, der andere reicht bis zur tschechischen Grenze. Die zerklüfteten Felsregionen wurden aber nicht nur wegen ihrer Schönheit unter Schutz gestellt, sondern auch, weil sich durch die starke Gliederung der Landschaft eine Vielzahl kleiner Lebensräume ergibt, in denen sich Pflanzen mit speziellen Bedürfnissen ansiedeln konnten.

Kaum eine andere deutsche Landschaft hat so viele Künstler in ihren Bann gezogen wie die Sächsische Schweiz. Vor allem Maler wie Caspar David Friedrich ließen sich von ihr inspirieren.

BIOSPHÄRENRESERVAT OBERLAUSITZER HEIDE- UND TEICHLANDSCHAFT

Ein Mosaik glitzernder Wasserflächen, dazwischen ausgedehnte Auen- und Bruchwälder sowie karge, weite Heidelandschaften – so präsentiert sich die Oberlausitz zwischen Hoyerswerda, Bautzen und Niesky. Die ersten Teiche wurden hier schon im 13. Jahrhundert von slawischen Siedlern angelegt, da das nährstoffarme Urstromtal landwirtschaftlich nicht viel abwarf. Heute findet man hier die teichreichste Gegend Deutschlands. Viele Flä-

chen dazwischen versteppten durch landwirtschaftliche Übernutzung, sodass sich große Heideflächen ausbreiteten. Heute macht gerade dieser stete Wechsel zwischen Gewässern, Feuchtwiesen und Auwäldern mit trockenen Heide- und Dünenflächen sowohl den ökologischen Wert wie auch den landschaftlichen Reiz dieser Region aus. Dank der nährstoffarmen Böden finden sich über 1200 Tier- und Pflanzenarten, die auf der Roten

Liste stehen, weil sie auf den überdüngten Böden anderswo nicht existieren können, etwa Sandstrohblume und Moorveilchen, Glockenheide, Sumpfporst, Sonnentau und Moosbeeren sowie Wildbienen, Grab- und Wegwespen, Feldgrillen, Wasserkäfer, Laub- und Moorfrösche, Rotbauchunken, Kammmolche, viele Tagfalter und über 50 Libellenarten. Ebenfalls charakteristisch sind Seeadler, Kranich und Storch sowie Fischotter.

Die Ringelnatter liebt die Sümpfe der Oberlausitz und ist für den Menschen völlig ungefährlich. Kröten, Lurche und Eidechsen dagegen sollten sich vor der Schlange in Acht nehmen.

Erlen sind die typischen Bäume der Wälder der Oberlausitz (links); Kammmolche sind in der Sumpflandschaft heimisch (rechts).

UHUS

Er ist der König der Nacht: Der Uhu, der seinen Namen schon durch seinen tiefen Ruf ankündigt, schwebt nach Sonnenuntergang fast geräuschlos in dichten Wäldern umher. Wenn es dunkel wird, ist seine Zeit gekommen. Dann ist er seiner Beute und anderen konkurrierenden Greifvögeln durch seine gute Nachtsicht haushoch überlegen und wird zum gefährlichsten Räuber der dunklen Stunden. Dicht über dem Erdboden gleitet er auf der Suche nach Mäusen, Hasen, Mardern oder Igeln. Schlafende Singvögel auf einem Ast sind vor seinem wachsamen Auge und seinen scharfen Fängen ebenso wenig sicher wie langsamer fliegende Krähen oder Tauben. Und wenn es sein muss, jagt er eine Ratte auch mal auf dem Boden laufend. Als Gewölle spuckt er die für ihn unverdaulichen Knochen und Federn nach der Mahlzeit wieder aus. Ist er ausgewachsen, hat der Uhu praktisch keinen Fressfeind. Hüten müssen sich Jungvögel aber vor Füchsen oder Mardern. Haupttodesursache für Uhus sind die Strommasten der menschlichen Zivilisation, denen sich das Tier arglos nähert. Der Uhu (Bubo bubo) ist die größte Eulenart der Erde; seine Flügelspannweite kann bis zu 1,70 Meter betragen. Auffällig sind seine großen bernsteinfarbenen Augen, die ihm das Attribut der »weisen Eule« eingebracht haben.

ROTBAUCHUNKEN

Als Hexentiere und Unheil verkündende Monster war die Rotbauchunke seit der Zeit der Kelten verpönt, wovon auch noch das Verb »unken« (= Schlimmes voraussagen) zeugt.

Wegen ihr schrieb sich schon Alfred Brehm in Rage: Der Rotbauchunke – auch Feuerkröte genannt – wurde schon immer unterstellt, ein Omen des Bösen zu sein. In seinem »Tierleben« verteidigt Brehm die Unke vehement: »Man begreift in der Tat nicht, wie es möglich gewesen sein kann, dass vernünftige Menschen sich solchen Unsinn erdacht haben … denn das nächtliche Treiben … kann doch unmöglich der Grund sein, wes-

halb die harmlosen, unschuldigen und höchst nützlichen Tiere beständig … verleumdet werden! In dem Abscheu vor den Kröten … kommen die sogenannten Gebildeten und Ungebildeten … vollständig überein.« Allen Unkenrufen zum Trotz ist die Rotbauchunke *(Bombina bombina)* ein friedlicher Geselle, Brehm bescheinigt ihr sogar als Hauptzug ihres Wesens »unbegrenzte Furchtsamkeit«. Aus Angst vor Fressfeinden

bevorzugt sie trübes Wasser, in dem sie ungestört nach Insekten jagen kann. Gegen Abend beginnen die Männchen, einen tiefen Laut ausszustoßen, der monoton die ganze Nacht hindurch schallen kann, um Weibchen anzulocken. Vor allem durch Flussbegradigungen wurde die Unke vielerorts aus ihren Lebensräumen verdrängt, in Deutschland ist sie hauptsächlich noch in den östlichen Bundesländern anzutreffen.

NATURPARK ZITTAUER GEBIRGE

Das Minigebirge im äußersten Osten Deutschlands an der tschechischen und polnischen Grenze ist zwar keine 800 Meter hoch, mutet aber viel »alpiner« an als weit höhere Mittelgebirge. Mit seiner vielfältigen Struktur ist es ein wertvoller Lebensraum für viele Pflanzen und Tiere. Wanderer finden ein rund 500 Kilometer langes, abwechslungsreiches Wegenetz. Besonders spannend ist der Weg durch die Jonsdorfer Fel-senstadt. Ein weiteres »Muss« ist der Aufstieg zu mindestens einen der Aussichtsgipfel Lausche, Hochwald oder Töpfer. Kletterer kommen mit etwa 200 Routen aller Schwierigkeitsgrade auf ihre Kosten. Für Radfahrer gibt es den 33 Kilometer langen, aber auch recht anstrengenden »Umgebindehaus-Radweg«. Wer es gemütlich liebt, fährt den »Oder-Neiße-Radweg« bis Zittau und nimmt von dort die Bahn in die Berge.

Auf 531 Meter Höhe befindet sich die Aussichtsplattform Fuchskanzel (links), die Besuchern ein weites Panorama bietet. Auf dem Berg Oybin (unten) befinden sich Ruinen einer Burg mit Kloster.

Der Hochwald ist mit knapp 750 Metern einer der höchsten Berge des Zittauer Gebirges und schon von Weitem gut auszumachen.

NATURPARK SÜDHARZ

Nicht nur die Hundszunge blüht hier, sondern auch Orchideenarten wie Spinnen-Ragwurz oder das Mönchskraut (Bildleiste von oben). Großes Bild: die hier heimische Mopsfledermaus.

Auf einem Gebiet von 267 Quadratkilometern vereinen sich im Naturpark Südharz gleich zwei Naturräume: zum einen die südlichen Randhöhen des Harzes, in denen Buchenwälder, Blumenwiesen sowie ein steter Wechsel aus felsigen Klippen und Tallandschaften zu finden sind, und zum anderen die dem Gebirge vorgelegene Südharzer Karstlandschaft. Seit 1964 gilt die Region als Naturpark und konnte seither eine artenrei-che Flora und Fauna erhalten. Hier blühen einheimische Orchideen wie das Knabenkraut, und zu den Tieren, die sich im Südharz wohlfühlen, gehören neben Uhu, Schwarzstorch, Siebenschläfer, Haselmaus und Feuersalamander auch andere bedrohte Arten. So konnten Wildkatzen und Luchse in der Region wieder heimisch werden, und auch die seltene Mopsfledermaus sucht sich im Südharzer Wald ein Plätzchen für den Winter.

Die Salzpflanzen ziehen viele Vogelarten an, darunter Wasserralle (großes Bild), Schwarzhalstaucher, Zwergdommel und Blässhuhn (Bildleiste von oben).

Auf einer Fläche von 305 Quadratkilometern treffen Wald und Steppe aufeinander: Einerseits stehen im Naturpark Kyffhäuser die dichtesten Fichtenwälder der Region, andererseits hat sich durch das trocken-warme Klima eine kahle Steppenlandschaft zwischen den typischen weißen Gipshängen gebildet. Doch was auf den ersten Blick trostlos erscheinen mag, ist in Wahrheit ein echter Naturschatz: Die zahlreichen Salzquellen der Region haben einen Vegetationsteppich aus Salzpflanzen entstehen lassen, die sonst nur an der Küste wachsen. Aber nicht nur seltene Pflanzen lassen sich hier bestaunen. Vor allem auch für seine Vielzahl schützenswerter Vögel ist der Park bekannt. So lassen sich mit etwas Glück neben Entenarten auch Blässhühner, Möwen oder sogar Falken beobachten. Vor allem in den Wintermonaten kann man hier große Vogelschwärme sehen.

NATURPARK EICHSFELD-HAINICH-WERRATAL

Der Park setzt sich aus drei unterschiedlichen Naturregionen zusammen, umfasst eine Fläche von 870 Quadratkilometern und ist fast zu 50 Prozent bewaldet. Mit seiner Gründung im Jahr 2012 ist er noch relativ jung, aber deshalb keineswegs weniger attraktiv: Vor allem seltene Schmetterlingsarten und eine Vielzahl an Lurchen, aber auch Uhus und die scheuen Wildkatzen finden in der Region ein Zuhause. Satte Streuobstwiesen, trockene Kalkmagerrasen und blühende Wacholderheiden, die 1540 Quadratkilometer große Region Eichsfeld im nordwestlichen Thüringen ist ein buntes Landschaftsmosaik, das bei mehr als 100 geschützten Brutvogelarten beliebt ist. Der Hainich gilt wiederum als einer der größten geschlossenen und naturnahen Buchenwälder. Der Wechsel von Auenlandschaften und steilen Felsen im Werratal bietet viel Abwechslung.

Kräftig gelb blüht der Raps an dieser Allee aus Pappeln im thüringischen Eichsfeld, einem historischen Landstrich, in dem sanfte Hügel dominieren.

Die malerische Allee aus Schwedischen Mehlbeeren liegt bei Kefferhausen im Eichsfeld.

NATIONALPARK HAINICH

Seit 1997 existiert dieser 13. Nationalpark Deutschlands, der der einzige Nationalpark Thüringens ist. Diese Auszeichnung gilt vor allem dem Schutz des Buchenwaldes, der das größte zusammenhängende Laubwaldgebiet Deutschlands bildet. Der im Westen Thüringens liegende Nationalpark umfasst dabei eine Fläche von 75 Quadratkilometern, die gesamte Waldfläche ist sogar mehr als doppelt so groß. Neben der hier dominierenden

Im Hainich wird die Natur großteils sich selbst überlassen, davon profitieren auch die farbenfrohen Pflanzen wie Hohler Lerchensporn, Frühlings-Platterbse und Leberblümchen (Bildleiste von oben).

Buche sind in der Region auch andere Laubbäume wie Esche, Linde oder Ahorn zu finden. Bekannt ist der Nationalpark vor allem für seinen Pilzbestand sowie die zahlreichen Frühlingsblüher, die sich zu Jahresbeginn wie ein bunter Blütenteppich über den Waldboden legen. Besonders stolz ist man in der Region auch über die Artenvielfalt der Tierwelt. Allein 15 verschiedene Fledermaus- und mehr als 500 Käferarten sind hier zu finden.

NATURPARK THÜRINGER WALD

Rund um den Rennsteig zwischen Eisenach und Sonneberg liegt der Naturpark Thüringer Wald. Charakteristisch für die Landschaft dieses Kammgebirges sind die extremen Höhenunterschiede. Das enorme Gefälle zwischen Tal und Berggipfel zeigt sich vor allem im Herzen des Naturparks, beispielsweise im Tal des Schneetiegels. Zu den höchsten Erhebungen der Region zählen der Große Inselsberg, der Große Beerlen und der Große Beer-

berg, der Schneekopf, der Große Finsterberg, der Ruppberg und der Kickelhahn. Die Waldgebiete des Parks werden vor allem durch verschiedene Buchenarten geprägt, die durch ihre üppigen Kronen und das dichte Blattwerk ideale Lebensbedingungen für eine Vielzahl von Vögeln schaffen. Auf einem Quadratmeter kommen daher bis zu 100 Brutvögel vor. Typisch für diese Buchenwälder ist der Waldlaubsänger. Dane-

ben kommen aber auch Schwarzspecht, Raufußkauz und Hohltaube sowie verschiedene Fledermausarten vor. Kein Wunder, dass sich die Vögel hier so wohlfühlen: Da der überwiegende Teil der Waldbewohner aus Insekten besteht, ist schließlich immer ausreichend Nahrung zu finden. Über 208 verschiedene Insektenarten konnten auf dem Gebiet des Thüringer Waldes nachgewiesen werden.

Für seine Stille ist der Thüringer Wald von den durch Deutschland Reisenden aller Epochen immer wieder gerühmt worden und für sein magisches Licht, das oft nicht von dieser Erde zu sein scheint.

Seine Ursprünglichkeit verdankt der Hainich den Launen der Geschichte: Jahrhundertelang lag er in einem toten Winkel Deutschlands.

BIOSPHÄRENRESERVAT VESSERTAL

Die drei höchsten Berge des Thüringer Waldes, der Große Beerberg, der Schneekopf und der Große Finsterberg, sind das landschaftliche Gegenstück zu den tiefen Tälern der Region. Das Biosphärenreservat Vessertal liegt in den Kreisen Hildburghausen und Ilm-Kreis und ist für seine Höhenunterschiede, aber auch für seine dichte Bewaldung bekannt. Fast 90 Prozent der rund 170 Quadratkilometer großen Fläche ist bewaldet,

Fichten sind dabei die häufigste Baumart. Neben dem Waldbestand konnten sich einige Hochmoore und Bergwiesen durchsetzen. Die Region ist nicht nur ein Wandergebiet, sondern vor allem auch Heimat für geschützte Tierarten wie den Feuersalamander oder das Birkhuhn. Die Anerkennung als Biosphärenreservat erfolgte durch die UNESCO, wobei in den Folgejahren noch zwei Gebietserweiterungen stattgefunden haben.

Feuersalamandern wurde im Mittelalter nachgesagt, dass sie mithilfe von Hautsekreten in der Lage seien, Feuer zu löschen. Daher rührt der heute noch gebräuchliche Name der Art.

Urprünglich scheint die Natur im Vessertal zu sein. Spezielle Wildbeobachtungstouren führen zu Salamandern, Birkhühnern und Co.

NATURPARK THÜRINGER SCHIEFERGEBIRGE/ OBERE SAALE

Auf 800 Quadratkilometern Fläche erstreckt sich der Naturpark Thüringer Schiefergebirge/ Obere Saale mit einer bunten Vielfalt an Landschaften. So finden sich im Süden der Region Berge, die eine Höhe von 900 Metern erreichen. Dieser stark bewaldete Teil steht in deutlichem Kontrast zu den tiefen Tälern mit zahlreichen Bächen, die auch als das »Blaue Band« der Region bekannt sind. Der Fluss Saale fließt hier hindurch. Zwischen den Orten Probstzella, Lehesten und Ludwigsstadt liegt außerdem ein altes Schieferbergbaugebiet, in dem noch heute Dach- und Wandschiefer abgebaut wird. Wie prägend der Bergbau für die Region war und ist, erkennt man daran, dass hier fast jedes Haus mit Schiefer gedeckt ist. In der Nähe der zwei Saale-Stauseen sind außerdem seltene Tierarten wie die Wasseramsel und der Feuersalamander heimisch.

Der Naturlehrpfad »Land der Tausend Teiche« führt durch die Wasserlandschaft der Region wie dem Neuen Teich (unten) und informiert über Vogelarten, Amphibien und Libellen, die hier leben.

Er ist als »blaues Gold« bekannt: Schiefer ist ein wesentlicher Industriezweig im Naturpark und prägend für dessen Erscheinungsbild. Links: Schwarzatal mit Fluss Schwarza bei Bad Blankenburg.

NATURPARK TEUTOBURGER WALD/ EGGEGEBIRGE

Mit einer Fläche von 2711 Quadratkilometern bildet er das grüne Herz Nordrhein-Westfalens und ist einer der größten Naturparks Deutschlands. Da der Naturpark Teutoburger Wald/Eggegebirge zu mehr als 60 Prozent bewaldet ist, kommt ihm zudem eine wichtige ökologische Ausgleichsfunktion in der Region zu. Prägend für sein Erscheinungsbild sind Buchenwälder. Von Waldmeister- über Waldgersten- bis hin zu Orchideenbuchenwäldern bietet der Boden der Region für fast jede Buchenart gute Bedingungen. Am westlichen Rand des Naturparks sind außerdem einige Moorvorkommen zu finden, die wegen ihrer Seltenheit unter einem besonderen Schutz stehen und daher nicht vollständig für Besucher erschlossen sind. Besucher schätzen diese grüne Erholungsregion auch wegen ihrer vielen Sehenswürdigkeiten. Immerhin gibt es hier rund 1000 eingetragene Naturdenkmäler, von denen vor allem das Silberbachtal, die Hardehauser Klippen sowie der nördlichste Vulkan Deutschlands bei Sandebeck sehenswert sind. Darüber hinaus ist das Gebiet des Naturparks als »Heilgarten Deutschlands« bekannt. Der Grund für diese Bezeichnung ist die bundesweit einmalige Dichte an natürlichen Heilmitteln, ebenso wie an Sole, Moor und kalten sowie warmen Heilquellen.

Gewitterwolken ziehen sich über einem Getreidefeld im Eggegebirge zusammen. Nur wenige Teile des Naturparks werden landwirtschaftlich genutzt.

Bizarr geformt sind die Externsteine im Teutoburger Wald. Die bis zu 38 Meter hohen Felsen bestehen aus hartem Osning-Sandstein.

NATURPARK ARNSBERGER WALD

Der Naturpark Arnsberger Wald wurde im Jahr 1961 zum Zwecke der Holzwirtschaft, aber auch als Erholungsgebiet gegründet und umfasst eine Fläche von insgesamt 482 Quadratkilometern. Im Norden wird das Gebiet durch die Möhne und im Süden durch die Ruhr begrenzt. Die höchsten Berge des Gebiets ragen zwischen 400 und 600 Metern in die Höhe und sind im Plackwald, an der Wasserscheide zwischen Ruhr und Möhne, zu finden. Die Region ist vor allem bekannt dafür, dass sie den größten Rotwildbestand in der Bundesrepublik hat. Eine absolute Besonderheit ist eine kleine asiatische Hirschart, das Sikawild. Den Tieren, die durch ihr hellbraunes Haarkleid mit den zahlreichen weißen Flecken auf dem Rücken wie ein typisches »Bambi« aussehen und leicht zu erkennen sind, gelang vor einigen Jahrzehnten der Ausbruch aus einem Gehege und die Ausbreitung in die freie Natur dieser Region. Ein besonders tierreiches Gebiet ist auch der Möhnesee mit seinen ausgewiesenen Vogelschutzgebieten. Vor allem in den Wintermonaten zählt er zu den vogelreichsten Gewässern des Landes, das viele Tiere zum Überwintern aufsuchen. Der Lürwald steht unter Naturschutz und beherbergt zahlreiche seltene Vogelarten wie den Schwarzstorch, den Mittelspecht oder den Kolkraben.

Eichen gehören zu den charakteristischen Bäumen im Arnsberger Wald, im Lürwald stehen sie und weitere alte Laubbäume unter besonderem Schutz.

Rothirsche gehören zu den häufigsten Bewohnern des Arnsberger Waldes; diese alte Buche trotzt seit Jahrhunderten Wind und Wetter.

DAMHIRSCHE

Artemis, Göttin der Jagd und enge Vertraute des Mondes, wird in der griechischen Mythologie oft in Hirschgestalt dargestellt oder auf einem von Hirschen gezogenen Wagen vorgefahren. Genauer gesagt, handelt es sich bei den Tieren um Damhirsche, da ihr geflecktes Fell schon den Griechen als Symbol für den Sternenhimmel galt und sie daher einer Göttin würdig schienen. Und so waren die Tiere im Altertum – nicht nur in Griechenland, sondern auch bei Sumerern und Phöniziern – beliebte Opfergaben, um die Götter zufriedenzustellen. Heute sind die Damhirsche vor allem Opfer der Jäger, sie gehören zu den in Deutschland am meisten bejagten Wildtieren. Dies ist allerdings eine Notwendigkeit: Die Tiere, die hierzulande kaum Fressfeinde fürchten müssen, vermehren sich rasch und sorgen für große Beißschäden im Waldbestand. Jeden Herbst werden daher etwa 30 Prozent der Population geschossen. Weibchen (das sogenannte Kahlwild) und Männchen leben in getrennten Rudeln, die nur während der Brunftzeit aufeinanderstoßen. Die Rudel unterliegen einer festen Rangordnung, die bei den Männchen mithilfe ihres mächtigen Geweihs ausgefochten wird. Die Kühe setzen in der Regel nur ein Junges, das meist im Juni zur Welt kommt und erst mit vier Jahren ausgewachsen ist.

Bei den Damhirschen bilden nur die männlichen Tiere ein Geweih aus, das in der Regel im Frühjahr abgeworfen wird. Sofort danach beginnt wieder das Wachstum der Geweihstangen.

NATURPARK DIEMELSEE

Es sind die höchsten Berge des Sauerlandes, die man hier zu sehen bekommt: Der Naturpark Diemelsee erstreckt sich vom äußersten Nordwesten Hessens ins angrenzende Nordrhein-Westfalen hinein. Die höchsten Erhebungen der Region sind der Langenberg und der Hegekopf, beide erreichen eine Höhe von 843 Metern. Als Teil des Rothaargebirges, das auch als »Hochsauerland« bekannt ist, zeigt sich der Naturpark zum großen Teil mit farbenprächtigen Laubgehölzen bewaldet, darin liegen, verstreut, hin und wieder Felder und Weideland, Blumenwiesen und Hochheiden. In der Mitte dieser grünen Lunge liegt der Namensgeber der Region, der Diemelsee. Er ist mit seinem Fischreichtum ein Paradies für Angler. Typisch für das Naturschutzgebiet ist der stete Wechsel von Überflutungen und Trockenfallen, was vor allem für Wasservögel ideale Lebens- und Brutbedingungen ermöglicht.

NATURPARK ROTHAARGEBIRGE

Der Naturpark Rothaargebirge liegt im südöstlichen Teil Nordrhein-Westfalens und wurde im Jahr 1963 eingerichtet. Seinen Namen verdankt der Naturpark dem Rothaargebirge, das sich dem Astengebirge in südwestlicher Richtung anschließt. Die Gesamtfläche dieses Naherholungsgebiets beträgt 1355 Quadratkilometer und liegt in den Kreisen Olpe, Hochsauerland und überwiegend im Kreis Siegen-Wittgenstein. Das Rothaargebirge ist Quellgebiet der Flüsse Eder, Sieg und Lahn und darüber hinaus Wasserscheide zwischen Rhein und Weser. Die markantesten Erhebungen sind der Dreiherrenstein und der Gillerberg im Bereich Hilchenbach sowie im Westen in der Nähe der Stadt Kreuztal der Kindelsberg und die Martinshardt. Aus kulturhistorischer Sicht ist die Region wegen ihrer Vielzahl an Burgen, Schlössern und Turmruinen interessant. Die bekanntesten sind die Schlösser in Bad Berleburg und Bad Laasphe.

An den Ufern der Diemelseesperre erstrecken sich zum Teil hübsche Waldflächen, in deren Schatten man die Stille des Naturparks genießen kann.

Wenn über dem Tal die Wolken hängen, ist es nicht selten, dass hoch oben auf dem Gipfel des Kahlen Asten die Sonne scheint. Mit 842 Metern ist er der dritthöchste Berg des Rothaargebirges.

WISENTE

Obwohl sie heute als »Könige der Wälder« gelten, bevorzugten sie ursprünglich andere natürliche Lebensräume: Wisente hielten sich einst in lichten Wäldern und Heiden auf, wo sie feste Reviere bezogen. Aufgrund der intensiven Nachstellungen durch Jäger haben sie sich heute in dichte Wälder zurückgezogen. In Deutschland leben sie fast ausschließlich in großzügigen Wildgehegen. Ein Wisent besitzt bis zu drei Meter Kopf-Rumpf-Länge und wiegt bis zu 900 Kilogramm; Kühe sind erheblich kleiner und leichter, ein Kalb kann aber schon bei der Geburt 20 Kilogramm auf die Waage bringen. Der Wisent (*Bison bonasus*) ist nach dem Aussterben des

Von den nordamerikanischen Bisons unterscheiden sich die Wisente vor allem durch eine viel kürzere Behaarung.

Waldwildpferdes das größte frei lebende Landsäugetier Europas. Um die enge genetische Situation der weltweit 3000 Tiere zu verbessern, verteilen Naturschützer gelegentlich Zuchttiere auf andere Gebiete. Im April 2013 wurde eine Herde Wisente im nordrhein-westfälischen Rothaargebirge ausgewildert. Hier wurden noch im selben Jahr die ersten beiden Wisentkälber in freier Wildbahn in Deutschland seit über 200 Jahren geboren.

An den heißesten Sommertagen treten Wisente nur zögernd aus dem Schatten des Waldes heraus. Sie äsen dann meist bei Nacht, grasen auf Lichtungen und rupfen Kräuter und – am liebsten – Knospen von Erlen.

NATURPARK HOMERT

Der 656 Meter hohe Homert ist der Namensgeber dieses Naturparks. Er ist die höchste Erhebung des insgesamt etwa 550 Quadratkilometer großen Gebietes, das 1965 als Naturpark ausgewiesen wurde. Die grüne Oase liegt zwischen dem Lennetal im Südwesten und dem Ruhrtalgebiet im Nordosten. Noch vor einigen Jahrhunderten war die Fläche nahezu vollständig bewaldet. Massive Rodungen haben dazu geführt, dass der Wald heute um fast die Hälfte gewichen ist. Dennoch besteht kein Grund zu Sorge. Mit immerhin 56 Prozent Bewaldung ist der Naturpark für moderne Verhältnisse noch immer ein waldreiches Gebiet. Die Besucher erwartet ein Mosaik aus Ackerflächen, Heidelandschaften, Flusstälern, Klippen und Felsen. Die größten Gewässer sind der Sorpesee und die Hennetalsperre, in deren Uferbereichen seltene Wasservogelarten wie der Haubentaucher Brutmöglichkeiten finden. In einer Höhe von 437 Metern entspringt die Hönnequelle und fließt fast 34 Kilometer weit, bis sie in die Ruhr bei Fröndenberg mündet. Die Landschaft dazwischen bildet das Hönnetal. Die steilen Kalksteinwände machen das Gebiet für Kletterer zu einer Attraktion. Aber auch Landschaftsfreunde lieben die Region. Bekannt ist die Felskulisse der »Sieben Jungfrauen«.

Herbstlich zeigt sich der Laubwald im Hemer Felsenmeer. Entstanden ist diese Naturschönheit durch die sogenannte Verkarstung und den Einsturz von Höhlen unter dem Gebiet.

Der Stausee an der Hennetalsperre ist die Heimat einiger Brutvögel. Die erste Staumauer wurde hier bereits im Jahr 1901 errichtet.

NATURPARK EBBEGEBIRGE

Auf 777 Quadratkilometern umfasst der Naturpark den größten Teil des südwestlichen Sauerlands. Mit dem Bau der Biggetalsperre gilt das Gebiet seit 1964 als Naturpark. Naturliebhaber schätzen diese Region für ihr Zusammenspiel zwischen Wald und Wasser. So entspringen hier nicht nur unzählige Quellen, sondern es gibt überdies neun Talsperren, die die Wasserversorgung der Ballungsräume im Ruhrgebiet sichern. Besonders stolz ist man in dem Landstrich auf die Artenvielfalt, die im Naturpark – trotz der nahe gelegenen Bergbauindustrie – erhalten werden konnte. Einen Beitrag dazu leisteten auch die Waldbesitzer mit einer Erhöhung des Laubholzanteils. Naturnahe Mischwälder sind ökologisch stabiler als reine Fichtenwälder. Und das spürt man auch: In kaum einer anderen Region trifft man auf derart viele Uhus und Schwarzstörche.

NATURPARK BERGISCHES LAND

Der Naturpark liegt zwischen der Köln-Siegburger Bucht, den Ausläufern des Sauerlandes, dem Westerwald im Süden und dem Städteband Wuppertal-Remscheid-Solingen. Anders als der Name vermuten lässt, ist das Landschaftsbild nicht von Gipfeln oder Schluchten geprägt. Vielmehr herrschen sanfte Höhenzüge vor, die bewaldet sind und in weichen Wogen die Landschaft durchziehen. Beheimatet sind hier seltene Tierarten wie der Feuersalamander, die Wasseramsel oder der Uhu. Die zahlreichen Niederschläge im Bergischen Land machten die Region schon früh für die Nutzung von Wasserkraft interessant. Zur malerischen Kulisse der Region trägt neben der Natur der Baustil bei: Fachwerk und dunkle Dächer bilden gemeinsam mit dem Weiß der Fenster- und Türlaibungen sowie den grünen Fensterläden Heimatfilmambiente.

Auf dem beliebten Biggesee bei Attendorn verkehren auch Ausflugsdampfer, die zu gemütlichen Schiffstouren einladen. Eine Tauchschule weist in die Unterwasserwelt des Stausees ein.

Die Dhünn, ein Nebenfluss der Wupper, fließt durch die Region (links). An ihren Ufern leben Hausrotschwanz, Eisvogel, Kormoran und die Schmetterlingsart Admiral (kleine Bilder von links oben).

NATURPARK HOHE MARK-WESTMÜNSTERLAND

Dort, wo das Münsterland, das Rheinland und das Ruhrgebiet aufeinandertreffen, liegt einer der größten Naturparks Nordrhein-Westfalens. Seit dem Jahr 1964 trägt die Region dieses Prädikat. Der Park Hohe Mark-Westmünsterland hat auf 1040 Quadratkilometern ein besonders abwechslungsreiches Szenario an Landschaften zu bieten. Von blühenden Heiden über dichte Wälder bis hin zu kleinen Erhebungen, Seen und Flüssen gleicht der Park fast einer Postkartenkulisse. Die teils abgetorften Hochmoore »Weißes Venn« bei Haltern und »Schwarzes Venn« bei Heiden dienen heute teilweise als Truppenübungsgelände, aber auch als Naturschutzgebiete. Das Landschaftsbild dominiert vor allem der Fluss Lippe. Er durchströmt das Gebiet mit einer Vielzahl enger Windungen und formt eine malerische Auenlandschaft. Kulturhistorisch bedeutsam ist vor allem die hohe Dichte an Wasserschlössern und Burgen, deren Geschichte sich ins 18. Jahrhundert zurückverfolgen lässt. Als »Stadt der Wildpferde« ist Dülmen bekannt. Denn einige Kilometer westlich vor den Toren der Stadt liegt im Merfelder Bruch, einem weitläufigen Moor- und Heidegebiet, das einzige Wildpferdegestüt Europas. Bis heute kann man die Tiere hier in freier Natur beobachten.

Als »Stadt der Wildpferde« ist Dülmen im ganzen Land bekannt. Denn einige Kilometer westlich liegt im Merfelder Bruch, einem Moor- und Heidegebiet, das einzige Wildpferdegestüt Europas.

Grasende Heidschnucken und malerische Eichenalleen gehören zu den charakteristischen Bildern der Hohen Mark.

NATURPARK MAAS-SCHWALM-NETTE

Als internationaler Naturpark umfasst der Naturpark Maas-Schwalm-Nette in Deutschland und den Niederlanden insgesamt rund 100 Quadratkilometer Naturschutz- und Vogelschutzgebiete. Von sehr feuchten und nährstoffreichen bis hin zu extrem trockenen, sandigen Böden sind hier die unterschiedlichsten Verhältnisse zu finden. Der Park wurde 2002 gegründet und hat seinen Namen von den Flüssen Maas, Schwalm und

Auch Fasane gehören zur vielfältigen Vogelwelt des Naturparks Maas-Schwalm-Nette. Zur Balzzeit veranstalten die Männchen ein lautstarkes Spektakel.

Nette. Das hohe Wasseraufkommen des Gebiets macht es zu einem Mühlen-Eldorado. Allein an der Schwalm liegen 25 Wassermühlen. Das Areal bietet optimale Lebensbedingungen für selten gewordene Tierarten wie den Eisvogel, das Blaukehlchen, den Pirol, Bachforellen, Barben oder Biberratten (Nutria). Auch das Pflanzenreich besticht durch eine Vielfalt, Wasserhahnenfuß oder Gabelstrauch sind hier keine Seltenheit.

NATURPARK SIEBENGEBIRGE

Sanfte Kuppen prägen die Berglandschaft des Siebengebirges. Oben: Blick von der Wahner Heide auf Abtei Michaelsberg; unten: Ausblick auf Schloss Montabaur.

Der Naturpark Siebengebirge weist gleich zwei Besonderheiten auf: Zum einen ist er der bundesweit einzige Naturpark, der vollständig unter Naturschutz gestellt wurde, und zum anderen zählt er zu den ältesten Naturparks Deutschlands. Inzwischen leben rund 80 Tier- und Pflanzenarten in der Region, die auf der Roten Liste für besonders bedrohte Arten stehen. Der 321 Meter hohe Drachenfels, ein Berg bei Königswinter, ist das Wahrzeichen der Region. Auf halber Höhe des Berges liegt die ebenso bekannte Burg Drachenfels aus dem Jahr 1167, die heute noch als Ruine zu bewundern ist. Der Name »Siebengebirge« leitet sich daher ab, dass man aus der Ferne neben vielen kleinen Erhebungen sieben große Hauptgipfel erkennt. Lange Zeit stand sogar zur Diskussion, den Naturpark zu einem Nationalpark zu erheben.

Der »Wildnis-Trail« ist ein Fernwanderweg von 85 Kilometern, der einmal quer durch das Schutzgebiet führt, auch an den alten Buchen auf dem Sandsteinfelsen bei Nideggen vorbei (rechts).

NATURPARK RHEINLAND

Kormorane und Kröten fühlen sich in den Auenlandschaften der Erft wohl. Seit einigen Jahren führt der Römerkanal-Wanderweg an den historischen Wasseradern des Parks entlang,

Der Naturpark Rheinland ist wegen seiner Lage auch als der »grüne Vorgarten« von Köln und Bonn bekannt. Auf einem Areal von ca. 1000 Quadratkilometern erstreckt sich der Park in einer besonderen landschaftlichen Vielfalt: Junge Wälder nehmen ebenso wie alter Baumbestand ein Drittel der Fläche ein. Daneben sind Seen, Flüsse und sogar Vulkane in diesem im Jahr 1959 gegründeten Naturpark zu finden. Von Nord nach Süd wird der Park von dem ca. 50 Kilometer langen Höhenzug der Ville durchzogen, der durch den Braunkohletagebau massiv umgeformt und später einer umfassenden Rekultivierung unterzogen wurde. Ab 1920 entstand hier ein Laubmischwald, der mehr als 40 Seen beherbergt. Bekannt ist der Naturpark auch bei Hobbyhistorikern, da hier noch gut erhaltene Spuren des Römischen Reichs zu finden sind.

NATIONALPARK EIFEL

Er liegt nur 65 Kilometer vom Ballungsraum Köln entfernt und bietet ein Wildnis-Erlebnis der ganz ursprünglichen Art. Im Nationalpark Eifel wird die Natur seit 2004 auf einer Fläche von 110 Quadratkilometern komplett sich selbst überlassen; ebenso wie es in den Nationalparks weltweit die Regel ist. Diese Maßnahme hat sich bezahlt gemacht: Hier leben inzwischen mehr als 1600 bedrohte Tier- und Pflanzenarten. Darunter findet man Exemplare wie den Biber, Luchse, Wildkatzen und Uhus. Und auch was die Vegetation angeht, ist das Gebiet äußerst abwechslungsreich: Die Waldgebiete werden durch Wiesen, Moore, Heiden, Felsen, Bäche und Seen zu einem bunten Garten Eden, in dem die Idylle nur durch ein Relikt der Vergangenheit gestört wird: Nahe der Urfttalsperre existieren Glasminenfelder aus dem Zweiten Weltkrieg.

NATURPARK HOHES VENN-EIFEL

Dieser Naturpark umfasst eine Fläche von 2700 Quadratkilometern, die jedoch nicht allein auf deutschem Gebiet liegt. Auch Teile von Belgien gehören zum Naturpark Hohes Venn-Eifel. Besonders stolz ist man im Park auf die gut erhaltenen Hochmoore der Region. Überhaupt ist die Gegend wegen ihrer überdurchschnittlich hohen Niederschläge sehr wasserreich. Insgesamt gibt es hier 15 Talsperren, die zusammen ein Wasservolumen von 350 Millionen Kubikmeter fassen. Daneben hat der Naturpark aber auch bewaldete Flächen, die Berghöhen der Hocheifel und die Ausläufer der Vulkaneifel zu bieten. Nicht nur Naturfreunde, sondern auch Geschichtsinteressierte dürfen sich in dieser grünen Lunge wohlfühlen. Denn immer wieder trifft man hier auf Zeugen der Vergangenheit, wie Höhlen aus der Steinzeit, römische Bauten (z. B. eine gigantische Wasserleitung) und mehr als 100 Burgen, Schlösser und Klöster. Wahrzeichen und gleichzeitig ganzer Stolz des Naturparks ist das Birkhuhn. Es gehört zu der Familie der Fasane und ist in ganz Deutschland äußerst selten geworden. Wer etwas Glück hat, kann seine zischenden, so gar nicht nach einem Vogel klingenden Balzrufe vor allem in den Frühlingsmonaten im Naturpark Hohes Venn-Eifel hören.

Totholz ragt aus der Moorlandschaft des Hohen Venn. Von den Panoramaplattformen im Park kann man das Moor gefahrlos überblicken.

Die Landschaftsbilder, die in der freien Natur des Naturparks Hohes Venn-Eifel entdeckt werden können, sind malerisch – besonders im Herbst.

NATURPARK VULKANEIFEL

Am 31. Mai 2010 wurde der Naturpark Vulkaneifel aus der Taufe gehoben. Er ist damit der achte Naturpark von Rheinland-Pfalz und rund 980 Quadratkilometer groß. Der vulkanische Ursprung ist das große Plus der Region. Er hat typische Kegel, Maare, erkaltete Lava und Mineralwasserquellen hinterlassen. Im ganzen Land gibt es keinen Ort, an dem solche geologischen Spuren in dieser Dichte zu finden sind. Noch vor rund 11 000 Jahren waren die Vulkane aktiv. Aus erdgeschichtlicher Sicht handelt es sich also um eine sehr junge Landschaft. Doch nicht nur die geologische Seite ist höchst interessant und sehenswert, auch die Natur ist es. Unvergleichlich präsentiert sich die Gegend beispielsweise im Frühjahr, wenn wilde Narzissen weite Wiesen in leuchtendes Gelb tauchen. Ebenfalls zu erwähnen ist das Vogelschutzgebiet Sangweiher im Herzen des Naturparks.

Das Schalkenmehrener Maar ist mit 550 Metern Durchmesser das größte der drei Dauner Maare. Und das, obwohl ein Teil des ursprünglichen Doppelmaars, von Asche bedeckt, zu einem Moor wurde.

Empfehlenswert ist ein Spaziergang zum Mäuseberg. Von dort kann man alle Dauner Maare, die sogenannten Augen der Eifel, gut sehen.

DEUTSCH-LUXEMBURGISCHER NATURPARK

Schon im April 1964 gründeten Luxemburg und Deutschland einen gemeinsamen Naturpark, den ersten seiner Art in Westeuropa, der eine Staatsgrenze überschritt. Insgesamt bringt er es auf rund 790 Quadratkilometer, von denen 432 in Rheinland-Pfalz liegen. Tiefe Flusstäler mit spektakulären Schluchten, weite Wiesen, auf denen Obstbäume gedeihen, oder dichte Wälder, Feuchtwiesen, Niedermoore und Heide, dazu Dörfer mit malerischen Gässchen: Das macht den Reiz des Parks aus – nicht nur für die Menschen. Pflanzen und Tiere, deren Lebensräume immer knapper werden, finden hier hervorragende Bedingungen vor. So kann das geschulte Auge beispielsweise 32 Orchideenarten entdecken. Eisvogel, Wasseramsel, Schwarzstorch und Haselhuhn leben hier. Auch etwa 500 Schmetterlingsarten sind nachgewiesen.

NATURPARK RHEIN-WESTERWALD

Oberhalb von Koblenz liegt der 1962 gegründete, rund 446 Quadratkilometer große Naturpark. Er gehört zum Rheinischen Schiefergebirge und erstreckt sich im Norden von Unkel nach Flammersfeld und im Süden von Neuwied nach Bendorf und darüber hinaus. Hier findet man Ton-, Silit- und Sandstein oder auch Basalt, der in Steinbrüchen abgebaut wurde. Die Landschaft des Parks vereint den Reiz vieler kleiner Bachläufe mit dem der beiden großen Flusstäler von Rhein und Wied. Dazu gesellen sich zum Teil steile Weinhänge sowie sanft wellige Bergkuppen. Nahezu die Hälfte der Fläche ist bewaldet. Zeugen früher Besiedelung, nicht zuletzt der berühmte Limes, komplettieren die Urlaubsregion. Die Kombination aus Feuchtgebieten und Fels sowie Wald machen den Naturpark zu einem Lebensraum vieler Pflanzen und Tiere.

Im Nordosten von Luxemburg liegt eine Gegend, die das Gefühl vermittelt, man habe sich in einen Märchenwald verlaufen: die Kleine Luxemburgische Schweiz mit ihrem Felsenmeer.

Für Pilzsammler ist der Westerwald ein Paradies. Hier findet man etwa auch den Gemeinen Riesenschirmling, einen feinen Speisepilz (links).

NATURPARK NASSAU

Hobbyornithologen haben im Naturpark ihre wahre Freude: Neben Rotkehlchen, Feldsperlingen und Grünfinken (kleine Bilder von links) ziehen hier Waldkäuze ihre Jungen groß (großes Bild).

Der 590 Quadratkilometer große Naturpark liegt im Rheinischen Mittelgebirge. Die höchste Erhebung ist die Montabaurer Höhe mit dem Köppel, der es auf 546 Meter bringt. Das seit 1979 geschützte Gebiet ist von unterschiedlichen klimatischen Bedingungen geprägt. Die Flusstäler von Rhein und Lahn sind eher mild und trocken. In höheren Lagen ist es kühler und es gibt mehr Niederschläge. Entsprechend unterschiedlich und vielfältig ist die Natur. Buchen- und Eichenwälder sowie Erlenbrüche sind hier zu finden. Auch Orchideen, der Blutstorchschnabel oder auch die Astlose Graslilie gedeihen vielerorts hervorragend. Mindestens ebenso beeindruckend ist die Vogelwelt. Schätzungsweise 100 Brutvogelarten sind zu entdecken, darunter der Eisvogel oder der Wanderfalke. Hinzu kommen 35 Libellen-, 39 Heuschrecken- und 15 Fledermausarten.

NATURPARK SOONWALD-NAHE

Die Nahe schlängelt sich an den Felsmassiven des Rotenfels bei Bad Münster am Stein-Ebernburg vorbei. Der Fels ist Naturschutzgebiet und besteht aus einem rötlichen Gestein.

Zwischen Simmern im Norden und Bad Kreuznach im Südosten, eingeschlossen von Nahe, Mosel und Rhein, liegt der 736 Quadratkilometer große Naturpark Soonwald-Nahe. Die höchste Erhebung ist der 657 Meter hohe Ellerspring im Herzen des Parks, Teil des Hunsrücks. Neben herrlich bewaldeten Bergrücken und Weinhängen sind tiefe Bachtäler typisch für diese Region. Dazu gesellen sich interessante Spuren der Römer und Kelten, die hier in größerer Zahl siedelten, als moderne Menschen es heute tun. Auch das mittelalterliche Leben ist an vielen Stellen noch präsent. Besonders empfehlenswert ist ein Besuch der Klosterruine Disibodenberg bei Staudernheim, wo die berühmte Hildegard von Bingen lange Zeit gelebt hat. Grundsätzlich bietet es sich an, den Park zu erwandern, zum Beispiel auf dem 84 Kilometer langen Soonwaldsteig.

NATURPARK PFÄLZERWALD

Schon 1959 wurde der Naturpark Pfälzerwald aus der Taufe gehoben. Seit 1998 bildet er mit den französischen Nordvogesen, an die er grenzt, das UNESCO-Biosphärenreservat Pfälzerwald-Nordvogesen. Der deutsche Teil umfasst rund 1790 Quadratkilometer, die zu drei Vierteln von Wald bedeckt sind – es handelt sich um das größte zusammenhängende Waldstück Deutschlands. Vor allem Mischwälder mit hohem Kiefernanteil bestimmen das Bild. Im östlichen Bereich des Parks sind Kastanienwälder zu finden, eine absolute Seltenheit. Generell ist das Gebiet ein umfangreicher Wasserspeicher und Sauerstoffproduzent. Typisch für die Mittelgebirgsregion ist neben dem überwiegend rötlichen Buntsandstein eine hohe Zahl tiefer Flusstäler. Das milde, beinahe mediterrane Klima ist ideal für den Weinanbau. Kein Wunder, dass ein Teil des Naturparks von der Deutschen Weinstraße durchzogen wird. Luchs und Wildkatze sind in der Region zu Hause. Der Wanderfalke dreht seine Runden, auch Eisvogel, Wasseramsel und Bergbachstelze fühlen sich hier wohl. Das gilt auch für menschliche Besucher, auf die ein umfangreiches Wegenetz wartet. Ergänzt wird das Ganze durch ein spannendes kulturelles Angebot. Burgen sind zu besichtigen, hübsche Städte laden zum Bummeln ein.

Obwohl nur noch eine Ruine von der einst stolzen Burg Drachenfels geblieben ist, lohnt sich ein Besuch schon wegen des Ausblicks von der 367 Meter hohen Erhebung, auf der sie thront.

Die 14 Meter hohe Felsformation bei Hinterweidenthal im Pfälzerwald ist als »Teufelstisch« bekannt.

NATURPARK SAAR-HUNSRÜCK

2055 Quadratkilometer groß ist der 1980 gegründete Naturpark Saar-Hunsrück. Die Hälfte dieser Fläche ist von Wald bedeckt. Schon die Lage macht den Park zu etwas Besonderem. Er erstreckt sich nicht nur über die Bundesländer Saarland und Rheinland-Pfalz, sondern bildet im Dreiländereck Deutschland, Frankreich und Luxemburg gewissermaßen das Zentrum von Europa. Bestechend ist die Vielfalt der Landschaft. Märchenhafte Fels-formationen stehen Hangmooren und -brüchen gegenüber, der höchste Berg von Rheinland-Pfalz, der 816 Meter hohe Erbeskopf, gehört ebenso dazu wie Weinberge und tiefe Flusstäler. Nicht weniger eindrucksvoll ist der Reichtum der Tier- und Pflanzenwelt. Waldhyazinthe, Arnika und einige seltene Orchideenarten erfreuen das Auge. Bekassine und Haselhuhn sind heimisch, ebenso das Braunkehlchen, der Raufuß- und der Steinkauz. Über die Wiesen und durch die Wälder huschen Fuchs, Dachs und Marder. Es gibt Schwarz- und Rotwild, auch Fledermäuse. Eine besondere Bewohnerin ist die Wildkatze, die sonst nicht mehr häufig anzutreffen ist. Nicht zuletzt findet man hier einige Nattern- sowie verschiedene Eidechsenarten und auch den Feuersalamander, diverse Krötenarten, Teich- und Kammmolch, die vor allem in den Tälern leben.

Spektakuläre Attraktionen findet man im Saarland eher selten. Doch Ausnahmen bestätigen die Regel – so wie die Große Saarschleife bei Mettlach, an der die Saar einen veritablen Haken schlägt.

Die Ehrbachklamm im Hunsrück ist ein beliebtes Ausflugsziel der Region. Der Weg zu ihr führt durch dichte Eichenwälder.

WILDKATZEN

Auch wenn sie äußerlich wie eine etwas muskulösere Variante der Hauskatze wirken mag, so ist die Wildkatze kein zahmes Wesen, das sich als Haustier dem Menschen unterordnet. Und die Wildkatze *(Felis silvestris silvestris)* ist – entgegen der Hauskatze, die von der ägyptischen Falbkatze abstammt – eine echte Europäerin. Schon seit über 300 000 Jahren durchstreift sie die Wälder des alten Kontinents auf der Suche nach ihrer begehrten Jagdbeute, vornehmlich nach Mäusen. Der Mensch bekommt das scheue Tier nur selten zu Gesicht, am ehesten leider als Verkehrsopfer neben einer Landstraße. In Deutschland gibt es vor allem in Rheinland-Pfalz, Hessen und Thüringen noch einige Rückzugsgebiete in Wäldern wie dem Pfälzerwald und dem Hainich. Aber auch hier ist die Katze in ihrem Überleben gefährdet. Etliche Auswilderungs- und Naturschutzprojekte bemühen sich um eine Sicherung der Lebensräume und des Bestandes. Über Jahrhunderte hielt man die Katze irrtümlich für einen gefährlichen Räuber, der auch Kälber angreift, und machte Jagd auf sie. Die geschickten Tiere, die wieselflink auf Bäume klettern, um Nester auszurauben, leben meist als Einzelgänger, paaren sich aber auch schon einmal mit streunenden Hauskatzen.

Vielleicht lässt schon ihr Blick erahnen, dass es sich hierbei nicht um eine normale Hauskatze handelt. Ganz eindeutig unterscheidet sich die Wildkatze aber durch ihren buschigeren Schwanz.

BIOSPHÄRENRESERVAT BLIESGAU

Im Südosten des Saarlands an der Grenze zu Frankreich liegt das 362 Quadratkilometer große Biosphärenreservat Bliesgau. Knapp die Hälfte ist Landschaftsschutzgebiet. Charakteristisch sind Buchenwälder, Streuobstwiesen und die Auenlandschaft des kleinen Flusses Blies. Hinzu kommen Eichen-Hainbuchenwälder, Wiesen und Kalk-Halbtrockenrasen. Rund die Hälfte aller in Deutschland heimischen Orchideenarten sind hier auf engstem Raum zu finden. Auch der vom Aussterben bedrohte Steinkauz wird im Reservat häufig gesichtet. Eine Besonderheit der Region ist die hohe Bevölkerungsdichte. Viele hübsche Städte bieten dem Urlauber jede Menge Abwechslung, bergen aber auch Gefahren für die umliegende Natur. Dieses Zusammenspiel zu erforschen und negativen Entwicklungen entgegenzuwirken ist eine Hauptaufgabe der Reservatsleitung.

Das Bliesgau ist ein Paradies für zahlreiche Blumen: Männliches Knabenkraut, Hummel-Ragwurz, Helm-Knabenkraut, Stendelwurz, Waldhyazinthe und Geflecktes Knabenkraut (von links).

Während einer Bliesgau-Rundfahrt lernt man ein Schwerpunktthema des Biosphärenreservats näher kennen, die Streuobstwiesen.

NATURPARK MEISSNER-KAUFUNGER WALD

Die Burg Hanstein (im Bildhintergrund) liegt bereits in Thüringen und bildet eine romantische Kulisse für das Werratal, das sich an den Meißner-Kaufunger Wald schmiegt.

Als der Naturpark Meißner-Kaufunger Wald 1962 gegründet wurde, umfasste seine Fläche ca. 450 Quadratkilometer. 2007 erweiterte man den Park auf rund 930 Quadratkilometer, sodass er vom drittkleinsten zum drittgrößten Naturpark des Bundeslandes aufstieg. Er liegt zwischen den Flüssen Fulda und Werra. Im Westen wird er von Kassel begrenzt, im Osten vom Werraufer und im Süden schließt er Ringgau mit ein. Wie der Doppelname vermuten lässt, beinhaltet sein Gebiet neben den Waldflächen des Kaufunger Waldes mit dem Hohen Meißner auch Bergland. Hinzu kommen die Söhre (auch Söhrewald genannt) und Teile des Werratals. Die abwechslungsreiche Landschaft bietet Laub- und Mischwald, Trockenbiotope, Flüsse, Gipfel mit grandiosen Ausblicken bis in den Harz und nach Thüringen, aber auch verwunschene Seen.

Sonnenstrahlen streifen über den Boden des dichten Habichtswaldes. Wer nicht nur wandern möchte, sondern sich auch für Kulturgeschichte interessiert, hat an den »Eco-Pfaden« Freude.

Im Norden des Hessischen Berglandes liegt der 474 Quadratkilometer große Naturpark Habichtswald. Fast die Hälfte des Gebietes nehmen Waldflächen ein, in denen Buchen dominieren. Neben dem Wald sind es die verstreut liegenden Weiden, die sanften Hügel und die bizarren Basaltformationen, die die Landschaft prägen. Herausragend sind im wahrsten Sinne des Wortes der Hohe Gras (615 Meter) mit Sendeturm und der südlich davon liegende Langenberg mit 556 Metern. Der 1962 gegründete Park ermöglicht neben Naturerlebnissen auch einen Blick in die Geschichte des Mittelalters. Zahlreiche Burgen und Befestigungsanlagen befinden sich im Wald und machen einen Spaziergang auch für Kinder zum Erlebnis. Dass oft nur noch Ruinen und Reste der Wallanlagen stehen, die zur Verteidigung der Handelswege dienten, macht den Besuch nicht weniger spannend.

Nordhessen ist Märchenland: Hier lebten die Brüder Grimm und sammelten ihre Märchen. Wer sich auf die Suche nach den märchenhaften Orten begeben möchte, wird im Reinhardswald, dem »Schatzhaus der europäischen Wälder«, fündig. Er liegt zwischen den Flüssen Weser, Fulda, Esse und Diemel und den Orten Bad Karlshafen und Hann. Münden. Das sehr ursprüngliche und kaum besiedelte Waldgebiet ist das größte Deutsch-

Die perfekte Kulisse für deutsche Märchen: Der Reinhardswald war für die Brüder Grimm eine Fundgrube. Hier stießen sie auch auf das Schloss von Dornröschen.

lands. In den Urwaldgebieten Sababurg und Wichmanessen lassen sich urtümliche Landschaft und Baumriesen bestaunen, und beim Besuch des Dornröschenschlosses Sababurg oder des Rapunzelturms auf der Trendelburg werden Sagen und Märchengestalten lebendig. Zahlreiche gut ausgeschilderte Rad- und Wanderwege, wie etwa der Reinhardswaldradweg oder der Märchenlandweg, führen zu den schönsten Stellen des Gebietes.

NATIONALPARK KELLERWALD-EDERSEE

Der Nationalpark Kellerwald-Edersee liegt im Norden des gleichnamigen Naturparks und südlich des Edersees. Er wurde im Jahr 2004 gegründet (Naturpark: 2001) und ist damit einer der jüngsten Nationalparks in Deutschland. Auf 57 Quadratkilometern finden sich neben einem ausgedehnten urwaldartigen Buchenwald, der Teil des UNESCO-Weltnaturerbes ist, weitere große Laubbaumbestände. Eichen, Ahorn, Ulmen und Linden wachsen hier ebenso wie zahlreiche seltene Blütenpflanzen. Auf einem Spaziergang über Hänge, durch Wiesentäler und entlang der Bachläufe kann man Arnika, Pfingst- und Heidenelken, Teufelskralle und auch das Breitblättrige Knabenkraut entdecken. Etwas mehr Glück braucht es, um den seltenen und scheuen Schwarzstorch zu Gesicht zu bekommen. Er findet hier viele Rückzugsräume.

Der Rotmilan (rechts oben) ist in den Wäldern des Nationalparks zu Hause, allerdings sehr scheu. Auch der nachtaktive Steinmarder (rechts unten) zeigt sich Wanderern eher selten.

Herrlich ist der Aufstieg zum Traddelkopf (ganz links), der von alten Eichen gesäumt wird.

Deutscher Märchenwald par excellence: Alte, knorrige Buchen stehen im Nationalpark Kellerwald-Edersee und wirken, als seien sie einer Geschichte der Brüder Grimm entsprungen.

NATURPARK LAHN-DILL-BERGLAND

Im September 2007 wurde der Naturpark Lahn-Dill-Bergland gegründet. Das 874 Quadratkilometer große Gebiet liegt zwischen den namensgebenden Flüssen Lahn und Dill und grenzt an das Rothaargebirge, den Westerwald und den Taunus. Die Mittelgebirgslandschaft, die zu 56 Prozent aus Waldflächen besteht, ist von einem engmaschigen Netz an Wander- und Radwegen durchzogen. Die Wege führen je nach Route durch dichte Wälder, Kulturlandschaften oder romantische Fachwerkstädtchen. Zahlreiche Burgen geben einen Einblick in die Geschichte des Landes. Eine Zeitreise anderer Art lässt sich im Besucherbergwerk Grube Fortuna und im Geopark erleben, wo Industrie- und Erdgeschichte beieinanderliegen. Die Jahrmillionen alten Gesteinsschichten können in der Grube durchfahren, in Höhlen besichtigt und im Geopark erforscht werden.

GEO-NATURPARK BERGSTRASSE-ODENWALD

Der Geo-Naturpark liegt zwischen Rhein, Main und Neckar und umfasst ein Gebiet von mehr als 3500 Quadratkilometern. 1960 wurde er gegründet und 2004 zum Geopark erklärt. Ausschlaggebend für die Ernennung war der geologische Reichtum des Gebietes, der geschützt, aber dennoch für die Öffentlichkeit zugänglich gemacht werden sollte. Das vielfältige Landschaftsbild mit Bergkuppen, Felsenmeeren und Hängen, dem dicht bewaldeten Odenwald mit seinen zahlreichen Quellbächen bis hin zu den Rheinebenen mit Streuobstwiesen und Magerrasenflächen machen den Reiz dieses Naturparks aus. Für viele seltene Tier- und Pflanzenarten wie die Äskulapnatter ist er ein einzigartiger Lebensraum. Thematisch angelegte Geopfade erschließen die Landschaft und führen den Besucher zu geologisch und kulturgeschichtlich interessanten Orten.

Bemooste Basaltsteine liegen an den Hängen von Greifenstein (rechts), in deren Nähe der kleine Ulmbach fließt (links).

Der Blick vom Schloss Auerbach bei Bensheim geht über die Region der Bergstraße zur Starkenburg bei Heppenheim (ganz links). Nicht minder idyllisch zeigt sich der Odenwald bei Michelstadt.

NATURPARK HOHER VOGELSBERG

Zahlreiche Naturerlebnispfade mit unterschiedlichen Schwerpunkten wie Geologie oder Sinneserfahrung erschließen den Naturpark rund um den Vogelsberg.

Der älteste Naturpark der Bundesrepublik, gegründet 1958, liegt im Herzen von Hessen. Genauer gesagt zwischen Frankfurt, Gießen und Fulda, deren Bewohner den 384 Quadratkilometer großen Park als Naherholungsgebiet schätzen. Räumlich wird das Gebiet in mehrere Bereiche unterteilt: den im Zentrum gelegenen Oberwald, eine bewaldete Hochfläche, die vom Unteren Vogelsberg mit Wiesen, Feldern und Hecken ringförmig umschlossen wird. Das Areal läuft mit dem Vorderen Vogelsberg nach Westen hinaus. Die höchsten Erhebungen sind mit 773 Metern der Taufstein und der Hoherodskopf mit einer Höhe von knapp 764 Metern. Der Vogelsberg ist ein riesiger Vulkan. Er entstand vor rund 20 Millionen Jahren und ist heute das größte Basaltmassiv Europas. Verwitterung und Erosion haben im Laufe von Jahrmillionen bizarre Formen entstehen lassen. Ihnen begegnet man auf den gut markierten Wanderwegen, Erlebnis-, Geo- und Sinnespfaden, die durch den Park führen. Auf einem Baumkronenpfad wandert man in luftiger Höhe und kann fantastische Ausblicke genießen. Ausführliche Informationen über die geologischen Besonderheiten des Gebietes erhält man im Naturparkzentrum in Schotten. Von hier aus starten auch geführte Wanderungen durch das Areal.

Ein Damhirsch zeigt stolz sein imposantes Geweih, in dem er sogar einige Schaufeln ausgebildet hat. Sie sind Zeichen dafür, dass der Hirsch bereits ein reiferes Alter erreicht hat.

Im 9. Jahrhundert hieß das Waldgebiet »Spechtshaardt«: Kein Wunder, denn der namensgebende Vogel, der auch das Wappen des Parkes ziert, ist hier artenreich vertreten. Schwarz-, Bunt-, Mittel-, Grün- und Grauspecht sind in den Eichen- und Buchenwäldern anzutreffen. Darüber hinaus sind Schwarz- und Rotwild, Waschbär und Wildkatze, aber auch Auerhahn und Biber in dem 729 Quadratkilometer großen Gebiet des 1962 gegrün-

deten Naturparks zu Hause. Seine Grenze verläuft von Hanau nach Schlüchtern und im Süden und Osten an der Landesgrenze zu Bayern entlang. Erkunden kann man ihn auf dem historischen Eselsweg, der Birkenhainer Straße und dem Drei-Burgenweg, der Schwarzenfels, Steckelburg und Burg Brandenstein verbindet. 500 Kilometer ausgeschilderte Wanderwege laden zum Entdecken von Wäldern, Wiesen und Mooren ein.

NATURPARK HESSISCHE RHÖN

Östlich von Fulda liegt der 700 Quadratkilometer große Naturpark Hessische Rhön, der 1963 eingerichtet wurde. Die Mittelgebirgslandschaft Rhön erstreckt sich über die Landesgrenzen hinweg nach Bayern und Thüringen. Das gilt auch für das seit 1991 anerkannte Biosphärenreservat Rhön. Die unbewaldeten Kuppen und der damit verbundene freie Blick haben der Region den Beinamen »Land der weiten Fernen« einge-

bracht. Laubwälder gibt es dennoch, allerdings immer wieder unterbrochen von Grünland. Dieses wird mit Rhönschafen, einer alten Schafrasse, beweidet, damit die einzigartige Kulturlandschaft zuverlässig offen gehalten wird. Moore und Trockenbiotope sind weitere Lebensräume für seltene Pflanzen wie Orchideen und gefährdete Tierarten. In den Moorgebieten wächst Wollgras und Birkhühner wie Bekassinen nisten dort.

Am besten lässt sich der Naturpark auf einem der vielen Wander- und Radwege erkunden (großes Bild). Die Steinwand bei Poppenhausen ist ein Klettergebiet (kleine Bilder).

Auch vom höchsten Punkt Hessens, der 950 Meter hohen Wasserkuppe, hat man einen wunderbaren Ausblick über die Rhön.

NATURPARK NECKARTAL-ODENWALD

Das idyllische Neckartal – hier bei Neckargemünd, das mitten im Naturpark liegt – bietet eine abwechslungsreiche Landschaft mit engen Schluchten und ausgedehnten Waldflächen.

Auf einer Fläche von rund 1300 Quadratkilometern erstreckt sich das reich bewaldete Areal vom Odenwald im Osten über das Neckartal im Süden und die Stadt Heidelberg bis hin zur Bergstraße im Westen. Mit seinen für Mittelgebirge typischen Höhenunterschieden, den zahlreichen Flüssen, sattgrünen Wiesen und verträumten Tälern mit tiefen Wäldern, Schluchten und Felsformationen zeigt die Landschaft einen großen Facettenreichtum. Für Wanderfalken bieten die Buntsandstein-Felswände ideale Nistplätze und die ungiftige, zu den größten Schlangenarten Europas zählende Äskulapnatter ist hier ebenso anzutreffen wie Hirschkäfer, Rothirsch und seit einigen Jahren auch wieder der Luchs. Eine geologische Besonderheit des Naturparks ist der 626 Meter hohe Katzenbuckel bei Waldbrunn, ein nicht mehr aktiver Vulkan.

NATURPARK STROMBERG-HEUCHELBERG

Neben Weinanbau und einer nachhaltigen Holzerzeugung werden einige Areale im Naturpark auch durch eine sanfte Landwirtschaft genutzt.

»Wald, Wein, Wohlfühlen« – so lautet das Motto des Naturparks. Mit seinen 330 Quadratkilometern ist er einer der kleineren Naturparks des Bundeslandes und liegt zentral zwischen den Ballungsräumen Stuttgart, Heilbronn, Karlsruhe und Pforzheim. Die hügeligen Mischwälder gehen hier mit dem Weinbau eine Symbiose der besonderen Art ein. Während an den bewaldeten Hängen Rebsorten wie Trollinger und Riesling perfekte Bedingungen vorfinden, liefern die ein gemäßigtes Klima bevorzugenden Eichenwälder den Rohstoff für Barriquefässer. Auch speziell geschützte Bannwälder wie der Sommerberg finden sich auf dem Gebiet des Naturparks. Hier kann sich die Natur entfalten, was zur Folge hat, dass hier seltene Arten wie der Dunkle Wiesenknopf-Ameisenbläuling oder das breitblättrige Knabenkraut heimisch sind.

NATURPARK SCHWÄBISCH-FRÄNKISCHER WALD

Im Murrhardter Wald hat die Natur einen kleinen Tümpel geschaffen (oben); am Strümpfelbach
stürzt ebenfalls ein kleiner Wasserfall in die Tiefe (unten).

Im Nordosten von Baden-Württemberg liegt der Naturpark der Landeshauptstadt Stuttgart quasi zu Füßen. Das waldreiche Herz bilden die fünf Naturräume Welzheimer Wald im Süden, Murrhardter und Mainhardter Wald im Zentrum sowie Löwensteiner und Waldenburger Berge im Norden. Auf der grünen und hügeligen Fläche von 916 Quadratkilometern erstreckt sich eine Landschaft, die sowohl mit Feucht- und Streuobstwiesen als auch mit Grotten, schroffen Felsformationen und Wasserfällen sowie dem Murrursprung aufwarten kann. Beeindruckend ist auch die sogenannte Große Platte, die in der Nähe von Oberneustetten liegt. Gefunden wurde diese etwa 300 Zentner schwere Platte 1889. Es handelt sich um ein Stück Fels einer Sandstein-Ablagerung des Küstenmeeresbodens des Jura-Meeres.

NATURPARK SCHÖNBUCH

Neben Rotwild leben vor allem zahlreiche Wildschweinverbände (unten) in den Eichenwäldern
des Naturparks Schönbuch, die vor allem im Herbst ihr schönstes Kleid zeigen (oben).

Er ist die grüne Lunge des mittleren Neckarraums und der älteste Naturpark Baden-Württembergs: der Schönbuch. Das fast durchgängig von Wäldern durchzogene, 156 Quadratkilometer große Gebiet grenzt an das Tübinger Stadtgebiet und wurde 1972 zum Naturpark erklärt. In früheren Zeiten ein Jagdrevier des Württemberger Adels, ist Schönbuch heute ein Naherholungsgebiet. Seine Landschaft ist von naturnah bewirtschafteten Wäldern, feuchten Talwiesen und Bächen geprägt. Aber nicht nur der Mensch, sondern vor allem Tiere und Pflanzen fühlen sich hier heimisch. Neben Eisvögeln kann man hier mit etwas Glück auch Wasseramseln oder sogar ein paar Steinkrebse beobachten. Eine Besonderheit des Schönbuchs ist auch sein alter Baumbestand. Vor allem Eichen, teilweise älter als 350 Jahre, sind hier zu finden.

Nicht nur die Geologie und das Klima, sondern vor allem auch die Nutzung durch den
Menschen haben die Landschaft des Naturparks Schwarzwald Mitte/Nord geprägt. So
präsentiert sich die Region heute als bunter
Wechsel von Naturlandschaft und kultivierter
Agrarlandschaft. Tiefe Täler, Felsen, Bäche,
Nutztierherden und Streuobstwiesen bestimmen das Landschaftsbild ebenso wie eiszeitliche Moore, Karseen und Grinden. Namens-

Der Naturpark ist Heimat für Rehe, Hirsche, Wildschweine, aber auch für selten gewordene Wildtiere wie Kolkrabe, Dreizehenspecht und Sperlingskauz. Der Auerhahn ist sein Symbolvogel.

gebend für den Schwarzwald sind die sehr dunkel erscheinenden Mischwälder, die rund zwei Drittel der Fläche ausmachen. Seit Gründung des Naturparks Schwarzwald Mitte/Nord bis Ende des Jahres 2010 wurden rund 600 Naturschutzprojekte mit Fördermitteln unterstützt. Ziel ist neben dem Erhalt der Natur auch der Ausbau touristischer Attraktionen wie beschilderter Wanderwege, barrierefreier Strecken und Mountainbike-Touren.

Ihr Rauschen und Plätschern kann man schon aus der Ferne hören: Die Burgbach-Wasserfälle sind ein Naturerlebnis für Augen und Ohren.

NATIONALPARK SCHWARZWALD

Der Naturpark Schwarzwald Nord/Mitte umfasst insgesamt eine Fläche von 3750 Quadratmetern und bildet damit das größte Naturparkgebiet Deutschlands. Am 3. Mai 2014 wurde im Gebiet des Naturparks der Nationalpark Schwarzwald eröffnet, der vor allem den Nordschwarzwald umfasst. Für sein Erscheinungsbild typisch sind dichte Mischwälder mit den charakteristischen Weißtannen. Typisch für den Schwarzwald ist ein Nebeneinander von naturbelassener Landschaft und landwirtschaftlich genutzten Flächen. Allen Eingriffen zum Trotz zählt der Schwarzwald zu einem der am wenigsten zerstückelten Waldgebiete Deutschlands. Bannwälder und Karseen aus der Eiszeit prägen das naturbelassene Areal. Eine Besonderheit dieser Region ist außerdem seine klimatische Vielseitigkeit, die Heideflächen oder fast skandinavisch wirkende Gebirgsgegenden hervorbringt.

Vom Schliffkopf, dem höchsten Punkt des Buntsandstein-Höhenzuges zwischen Hornisgrinde und Kniebis, eröffnet sich ein weiter Blick über die endlos erscheinenden Wälder des Schwarzwalds.

1985 wurde der Wasserspiegel des Huzenbacher Sees angehoben, sodass sich das Ufer zu einem Moos-Baum-Geflecht entwickelte.

DACHSE

Schwarze Streifen ziehen sich durch sein ansonsten weißes Gesicht und verpassen dem
Dachs *(Meles meles)* die perfekte Tarnung im
dichten Gestrüpp. Und das ist auch gut so,
denn Meister Grimbart ist ein äußerst scheu-
er Waldbewohner, der seinen Bau nur zur
Futtersuche, vorzugsweise in der Dämmerung, verlässt. Kein Wunder, den er errichtet
sich erstaunliche unterirdische Paläste: Die
Bauen werden oftmals von Generation zu
Generation weitergegeben, so verschachtelt
und ausgeklügelt sind die Gänge, Wohnhöh-
len und Luftschächte angelegt. Die bisher
größte entdeckte Dachshöhle war mit einem
Tunnelsystem von über 850 Metern Länge

Im Dickicht des Schwarwaldes geht dieser Dachs auf Nahrungssuche. Je älter das Tier ist, desto heller ist seine Fellfärbung.

und 50 Kammern ausgestattet. Der Dachs ist eigentlich ein Einzelgänger, der nur der Fortpflanzung zuliebe kurzfristig mit einem Partner zusammenkommt. Die Weibchen ziehen ihre meist zwei bis drei Jungen groß, die etwa zwei Jahre im Familienverband bleiben. Ob Regenwürmer oder Insekten, kleine Säugetiere wie Mäuse oder Ratten oder auch Beeren und Früchte: Der Dachs ist in seiner Nahrung nicht allzu wählerisch. Als in den 1970er-Jahren in Deutschland der Fuchs mit Giftgas getötet wurde, ging auch die Dachspopulation dramatisch zurück. Seitdem erholen sich die Bestände aber wieder und er ist in vielen Wäldern heimisch.

EYACHTAL

Früher profitierten viele Mühlen und Sägewerke von der Eyach, heute sind die klappernden Mühlen verstummt und Wanderer erfreuen sich an der Einsamkeit und Stille des Tals.

Keine wirklich atemberaubenden Attraktionen, sondern vielmehr stille, verborgene Schönheiten entdeckt man im Nördlichen und Mittleren Schwarzwald. Tagelang kann man hier durch dichte Wälder wandern und kommt dabei immer wieder an rauschenden Bächen voller Forellen vorbei. Das Herzstück des im Landkreis Calw gelegenen Eyachtals ist die Eyach. Dieser nur 18,5 Kilometer lange Fluss entspringt den Hochmooren bei Kaltenbronn, fließt zwischen Höfen und Neuenbürg und mündet in die Enz. Das Wasser der Eyach ist besonders klar und daher für die Beobachtung der vielen verschiedenen Fischarten ideal. Besonders häufig entdeckt man Forellen, Saiblinge und Karpfen, die man in den nahe gelegenen Fischzuchtstationen übrigens auch kaufen und anschließend lecker zubereiten kann.

TRIBERGER WASSERFÄLLE

Vieles, wenn nicht alles verdankt Triberg der Gutach: Auf seinem verschlungenen Weg nach Nordwesten stürzt das Flüsschen auf Höhe des Städtchens über sieben Stufen insgesamt 163 Meter in die Tiefe. Das geschieht so dramatisch über klobige Granitfelsen und in grüner Waldeinsamkeit, dass schon vor mehr als 200 Jahren Menschen von weither kamen, um sich das Spektakel anzusehen. Die Macht des Wassers wurde bereits im Mittelalter mit Mühlen genutzt, seit 1884 gibt es ein Kraftwerk, das Triberg als erste Stadt Deutschlands eine elektrische Straßenbeleuchtung ermöglichte. Beleuchtet sind inzwischen auch die Wasserfälle, sodass Romantiker bis 22 Uhr den Blick auf die tosenden Wassermassen genießen können. Besonders im Winter ist der Besuch des Naturwunders ein einmaliges Erlebnis.

SCHWENNINGER MOOS

Im Moorgebiet des Schwenninger Mooses hat der Neckar seine Quelle, von hier aus wächst der Bach, bis er im Flachland zu einem breiten Fluss anschwillt.

Das inzwischen unter Schutz gestellte Moorgebiet Schwenninger Moos blickt auf eine nacheiszeitliche Entstehungsgeschichte zurück, die sich weit über zehntausend Jahre erstreckt. Etwa 12 000 v. Chr. befand sich hier ein großer See, der durch Schmelzwasser der Eiszeit entstanden war und allmählich vermoorte. In der Neuzeit, etwa bis zur Mitte der 1950er-Jahre, wurde das Gebiet zum Abbau von Torf genutzt, der als Brennmaterial diente. Heute wird versucht, durch Sperrenbau in den zu dieser Zeit entstandenen Gräben die immer stärker voranschreitende Verwaldung zurückzudrängen, um so eine Renaturierung zu erreichen. Wer das Moos erkunden will, kann dies unter Anleitung eines Naturpark-Profis tun. Speziell geschulte Guides bieten über das ganze Jahr verteilt Führungen an.

Deutschlands höchste Wasserfälle stürzen sich 163 Meter in die Tiefe. Im Winter frieren Teile der Gutach zu und sorgen für eine besonders reizvolle Ansicht.

NATURPARK SÜDSCHWARZWALD

Er ist groß und hoch, der Naturpark Südschwarzwald. Das Gebiet dieses Parks erstreckt sich von Elzach und Triberg im Norden bis zum südlichen Waldshut-Tiengen und Lörrach. Im Westen ist die Vorbergzone bis Freiburg und Emmendingen ins Gebiet einbezogen, nach Osten dehnt es sich bis Donaueschingen und Villingen-Schwenningen auf der Baar-Hochebene aus. Die enorme Größe von 3700 Quadratkilometern lässt den Südschwarzwald zum zweitgrößten Naturpark der Bundesrepublik werden. Und auch an Höhenlagen fehlt es nicht. So sind die drei größten Erhebungen des Schwarzwaldes, der Feldberg, das Herzogenhorn und der Belchen, hier zu finden. Dadurch, dass sich unterschiedliche Klimabereiche durch das Gebiet ziehen, hat sich im Südschwarzwald ein extrem hoher Artenreichtum an Tieren und Pflanzen ausbreiten können.

Bunte Streuobstwiesen und die höchstgelegenen Weinberge Deutschlands, dunkle Mischwälder, Felsen und beeindruckende Ausblicke: Das Glottertal ist quasi urtypisch für den Schwarzwald.

Zu den Kaskaden des »Gletschermühle« genannten Wasserfalls gelangt man auf einer Wanderung von Todtmoos aus.

RAVENNASCHLUCHT

Der Wasserfall in der Ravennaschlucht stürzt über mehrere Stufen hinunter. Ein ausgeschilderter »Heimatpfad« führt an alten Mühlen vorbei durch die Schlucht.

Die Ravennaschlucht ist etwa vier Kilometer lang, führt vom Höllental zur Gemeinde Breitnau und beeindruckt nicht nur durch den tosenden Fluss. Vor allem der 30 Meter hohe Hügel Galgenbühl, der sich am Eingang der Ravennabrücke erhebt, ist die absolute Attraktion. Hier befand sich früher ein Galgen, der auch als solcher für Hinrichtungen benutzt wurde. Heute findet man an dieser Stelle einen Pavillon.

Herbstliches Laub bedeckt den Wanderweg, der auf den Feldberg führt. Wer den Gipfel nicht zu Fuß bezwingen will, kann auf die Feldbergbahn ausweichen.

Hier treffen zwei Giganten des Schwarzwaldes aufeinander: Der Feldsee in der Nähe der Gemeinde Feldberg ist der größte Karsee (97 500 Quadratmeter) im Schwarzwald und liegt zu Füßen des größten Bergs der Region, des Feldbergs (1439 Meter). Der fast kreisrunde See mit einer Tiefe von bis zu 32 Metern ist durch die Gletscherschmelze der letzten Eiszeit entstanden und von bis zu 300 Meter hohen Steilwänden eingefasst.

BELCHEN

Der Belchen zählt mit 1414 Metern zu einer der höchsten Erhebungen des Schwarzwalds. Aufgrund der einzigartigen und seltenen Flora und Fauna wurde das Gebiet bereits im Jahr 1949 unter Naturschutz gestellt. Zu Beginn der 1990er-Jahre wurde dieses Schutzgebiet noch erweitert. Heute umfasst es eine Fläche von rund 16 Quadratkilometern. Vor allem in den Hochlagen kann man seltene Schmetterlings-, Käfer- und Vogelarten bewundern. Neben dem Wanderfalken findet man hier auch das Haselhuhn und die Singdrossel. Und auch im Pflanzenreich sind Seltenheiten wie die Gebirgsrose oder der Schweizer Löwenzahn zu bestaunen. Über den Gipfel des Belchen verlief im 18. Jahrhundert die Grenze zwischen den Habsburgern in Vorderösterreich und der Markgrafenschaft Baden. Davon zeugen heute noch eine Vielzahl erhaltener Grenzsteine.

Bewaldete Hügel bis zum Horizont: Die Aussicht vom Belchen über den Südschwarzwald ist bei guter Wetterlage schier endlos.

Schafe finden auf den weitflächigen Borstgraswiesen an den Hängen unterhalb des Gipfels des Belchen ein reiches Nahrungsangebot.

ALBTAL

Bei Menzenschwand im Albtal stürzt die Alb in einem Wasserfall in die Tiefe. Das Tal ist touristisch gut erschlossen, viele Wander- und Spazierwege führen durch es hindurch.

Das Albtal wird von seinem Namensgeber, dem Fluss Alb, durchflossen und gilt als beliebte Ferienregion zwischen Bad Herrenalb, Ettlingen und Karlsruhe. Die weitgehend unangetastete Naturentwicklung der letzten Jahrhunderte hat hier eine malerische Fluss-, Wiesen- und Tallandschaft entstehen lassen. Neben den geschützten Biotopen sind aber auch Überbleibsel aus Menschenhand wie die Klosterstraße in Bad Herrenalb Attraktionen.

Entlang der Wutach führt ein schöner Wanderweg. Auch ihre Nebenschluchten, im Bild die Lotenbachklamm, sind abwechslungsreich.

Sie trägt nicht umsonst den Spitznamen »größter Canyon Deutschlands«: Die Wutachschlucht ist ein geschütztes Wildflusstal, in dem urwüchsige Wälder, steile Felsen, rauschende Wassermassen und klare Quellen aufeinandertreffen. Perfekt wird die Romantik dieser malerischen Kulisse zudem noch durch die über 500 Schmetterlingsarten. Und wer etwas Glück hat, kann hier einen Eisvogel in seinem natürlichen Umfeld beobachten.

SCHWÄBISCHE ALB

Rau, karg und steinig zeigt sich die Schwäbische Alb in ihren Höhenlagen, doch je weiter man an den Fuß des knapp 200 Kilometer langen Mittelgebirges kommt, desto artenreicher, bewachsener und bewohnter wird die Landschaft. Die üppigen Wacholderheiden und südexponierte Hang- und Felsflächen bieten einer Vielzahl Schmetterlingen eine ideale Kulisse. Wer Glück hat, kann einen Uhu, Wanderfalken oder eine Schleier-

eule beobachten. Das botanische Wahrzeichen der Region ist die Silberdistel. Verschiedene Enzianarten, Orchideen sowie Astern, die mehr als 50 Zentimeter hoch wachsen, erfreuen das Auge des Wanderers.

Vor allem im Frühling ist die Schwäbische Alb für ihre »blühenden Teppiche« bekannt. Das Biosphärengebiet zählt durch die Anerkennung der UNESCO zum Kreis der nur 621 Biosphärenreservate weltweit.

Es ist ein tosendes Spektakel, wenn bis zu 240 Liter Wasser pro Sekunde aus 37 Metern Höhe über eine Tuffsteinkante stürzen. Der Wasserfall in Bad Urach ist eine der Naturattraktionen der Region.

NATURPARK OBERE DONAU

Es hat Jahrtausende gedauert, bis sich die Donau zwischen Immendingen und Ertingen ihr tiefes Bett durch das Juragestein gegraben hat, das heute das Herzstück des Naturparks, den Donaudurchbruch, bildet. Auf einer Länge von 80 Kilometern zieht sich die Donau durch das insgesamt 1350 Quadratkilometer große Gebiet, das seit dem Jahr 1980 als Schutzgebiet ausgewiesen ist. Im Zeitalter der Römer wurde der Flussabschnitt nach dem keltisch-romanischen Flussgott »Danuvius« genannt. So entstand auch der Name »Donau«. Die Region ist heute eine Kulturlandschaft, die ihren Besuchern neben Burgen und Palästen auch seltene Naturkulissen zu bieten hat. Bekannt sind vor allem der Donaudurchbruch und die Donauversinkung. Auch der malerische Ausblick vom Aussichtspunkt Knopfmacherfelsen ist ein Muss für Naturfreunde.

Wanderwege mit vielen Aussichtspunkten erschließen das Durchbruchstal der oberen Donau (großes Bild). Auf den Lichtungen sind Türkenbund und Frauenschuh zu entdecken (Bildleiste von oben).

Ein Siebenschläfer sitzt naschend in einem Pflaumenbaum. Die kleinen Nagetiere sind in ganz Baden-Württemberg heimisch.

BODENSEE

Dass ihn manche liebevoll als »Deutschlands größte Badewanne« bezeichnen, hat gleich zwei Gründe: Der Bodensee ist mit einem Wasservolumen von ca. 48,5 Kubikmetern der größte See des Landes, zum anderen ist er der größte Trinkwasserspeicher in ganz Mitteleuropa und versorgt weite Teile von Baden-Württemberg mit seinem erfrischenden Wasser. Der See liegt auf dem Gebiet der Bundesländer Baden-Württemberg und Bayern sowie auf dem Österreichs und der Schweiz. Die Maße des Gewässers sind enorm. Er hat eine Länge von 63 Kilometern und eine Breite von 14 Kilometern. Das entspricht einer Fläche von 536 Quadratkilometern und einem Umfang von 273 Kilometern, wovon 173 Kilometer des Ufers zu Deutschland gehören, 72 Kilometer liegen auf Schweizer Boden und 28 Kilometer werden zu Österreich gezählt. An der tiefsten Stelle misst der Bodensee 254 Meter. Die gigantische Größe des Sees hat zur Folge, dass man das gegenüberliegende Ufer nicht sehen kann. Der Grund dafür ist aber nicht unbedingt die Entfernung, sondern die Erdkrümmung. Die Krümmung des Wasserspiegels des Sees beträgt in seiner Länge stolze 42 Meter, sodass die gegenüberliegenden Ufer dahinter gänzlich aus dem Blickfeld verschwinden.

Naturfreunde finden auf der Insel Reichenau das Naturschutzgebiet Wollmatinger Ried, das dem Naturschutzbund NABU als Beobachtungsplattform für knapp 300 verschiedene Vogelarten dient.

Die kleine Bartmeise lebt in den Schilfgebieten am Bodenseeufer. Viele der hier brütenden Vögel sind kaum noch menschenscheu.

NATURPARK BAYERISCHE RHÖN

Der Naturpark ist 1250 Quadratkilometer groß und liegt an der Grenze Bayerns zu Hessen und Thüringen. 700 Quadratkilometer sind seit 1991 der bayerische Teil des Biosphärenreservats Rhön. Basaltformationen zeugen im Park noch heute von der Entstehung der Landschaft, die auf Vulkanausbrüche zurückgeht. Natürlich hat die Gegend nicht nur Stein zu bieten. Vielerorts grünt und blüht es. So gibt es in ganz Deutschland beispielsweise kein anderes Gebiet, in dem mehr Borstgrasrasen zu finden ist. Diese Weiden gehören zu den Magerrasen und zeichnen sich durch die Kombination von Borstgras mit wenigen anderen Arten wie etwa Arnika, Glockenblume oder Blaubeere aus. Auch Moore, darunter das bedeutendste Hochmoor Mitteleuropas, sowie Streuobstwiesen gehören zum Park, nicht zu vergessen das Plateau Hohe Rhön.

Der Pilsterfelsen bei Kothen ist ein mächtiger Basaltfelsen, der von einer engen Schlucht, der Hasenschlucht, in zwei Teile geteilt wird.

Die Fränkische Rhön ist für ihre Hutebuchen bekannt, aber auch der Blick für kleinere Pflanzen wie die Wollkopf-Kratzdistel lohnt.

NATURPARK BAYERISCHER SPESSART

Der Naturpark Bayerischer Spessart trägt seit 2007 die Auszeichnung Qualitäts-Naturpark. Mit 1710 Quadratkilometern macht der bayerische Teil des Naturparks Spessart den deutlich größten Bereich aus. Weitere 730 Quadratkilometer liegen in Hessen. Faszinierend sind die endlos scheinenden Waldgebiete, vor allem Laubmischwälder kommen vor. Man kann im Naturpark sehr hohe, bis zu 400 Jahre alte Eichen finden. Hinzu kom-

Der verschwiegene Spessart ist eines der größten Laubwaldgebiete Deutschlands und Heimat für Mufflons, Waschbären und Luchse (Bildleiste von oben).

men grüne Wiesen und natürlich die Täler des Mains und der Sinn (ein Nebenfluss der Fränkischen Saale). Große Städte gruppieren sich um den Park herum. Deshalb steht eine hervorragende Infrastruktur an Straßen und Wegen zur Verfügung, um die Region komfortabel kennenzulernen. Auch das Klima ist ideal, um sich viel in der Natur aufzuhalten. Weder sind die Sommer besonders heiß noch die Winter extrem kalt.

NATURPARK HASSBERGE

Die Schmetterlingsart Kaisermantel (unten) ist in der Naturlandschaft der Haßberge ebenso behei-matet wie der Sperlingskauz und die Wildkatze.

Nordwestlich von Bamberg liegt der von Mit-telgebirgsrücken geprägte Naturpark Haß-berge. Über die Hälfte der 804 Quadratkilo-meter sind von Wäldern bedeckt, darunter Eichen-Hainbuchenwälder sowie Erlen- und Eschenforst. Auch Kulturlandschaften gehö-ren zu dem jungen fränkischen Park, bei-spielsweise Weinberge und Streuobstwiesen. Sowohl die Rot- als auch die Weißweine aus der Region genießen einen guten Ruf, eben-so der Apfelsaft. Im milden Klima der Täler gedeihen Orchideen und Wollgras, in eini-gen Bächen sind Steinkrebse zu finden, die sich nur in sehr sauberen Gewässern wohl-fühlen. Auch Rehe, Rot- und Schwarzwild sind hier zu Hause, ebenso wie die Wildkatze und der Sperlingskauz. Obwohl er recht klein ist, vereinen sich im Naturpark Haßberge Kultur und Natur auf engstem Raum.

NATURPARK STEIGERWALD

NATURPARK FRANKENHÖHE

Östlich von Rothenburg liegt das Naturschutzgebiet Karrachsee. Hier darf sich die Natur in den Erlenauwäldern ausbreiten. Die Zwergtaucher sind zurück, und auch der Biber ist hier wieder aktiv.

An der Grenze zu Baden-Württemberg befindet sich der 1105 Quadratkilometer große Naturpark Frankenhöhe, der zu den sonnenreichsten Regionen Süddeutschlands gehört. Das Klima ist recht konstant. Ganz anders die Landschaft, die von Gegensätzen geprägt ist. Zum einen gibt es beschauliche Täler etwa von Tauber und Aisch, zum anderen sind da schroffe Berge im Westen und Norden des Gebiets. Etwa ein Drittel der gesamten Fläche gehört den Wäldern mit einer großen Vielfalt an Baumarten. Typisch sind Streuobstwiesen, auf denen nicht nur aromatische Äpfel reifen, sondern auch Kleintiere ihren Lebensraum finden. Ebenfalls charakteristisch sind die von Wanderschäfern genutzten Magerstandorte. Erwähnenswert ist das Vogelparadies Scheerweiher. Das Naturschutzgebiet weist artenreiche Verlandungszonen auf.

Die während des Sommers lichtarmen Waldstücke bieten ein Refugium für Vögel wie den Sperlingskauz. Für die Bodenpflanzen bedeutet dies, ihren Lichtbedarf bereits im Frühjahr zu decken.

Im nördlichen Bayern, mitten im Herzen Frankens, liegt der 1280 Quadratkilometer große Naturpark Steigerwald. Es ist ein liebliches Mittelgebirge, eingebettet zwischen den Flüssen Main und Aisch und den Städten Bamberg, Nürnberg, Rothenburg ob der Tauber und Würzburg. 675 Quadratkilometer davon sind Landschaftsschutzgebiet. Besonders eindrucksvoll sind die Buchenwälder mit hochgewachsenen, um die 200 Jahre alten Exemplaren. Neben Rehen sind hier Wildschweine heimisch. In der Luft sieht man den Schwarzspecht, das Waldkäuzchen und die vielerorts bereits ausgestorbene Hohltaube. Auch eine Reihe von schützenswerten Greifvögeln hat hier ihre Horste, beispielsweise der Mäusebussard und der Rote Milan. Ergänzt wird die Natur von mittelalterlichen Städtchen.

NATURPARK FRÄNKISCHE SCHWEIZ-VELDENSTEINER FORST

Mehr als stolze 2300 Quadratkilometer umfasst der Naturpark und ist damit nicht nur der zweitgrößte in Bayern, sondern auch einer der größten deutschen Naturparks überhaupt. Und es geht gleich mit Superlativen weiter: Nirgends außerhalb der Alpen hat Bayern so viele Biotope und Geotope auf engstem Raum zu bieten. Auch seine beeindruckende Zahl von über 1000 Höhlen kann sich sehen lassen. Dichte Wälder prägen den Veldensteiner Forst, vor allem sind hier Fichten und Kiefern zu finden. Aber auch Flusstäler bestimmen die Region maßgeblich. Ein Teil des Maintals, das Bett der Wiesent sowie das Pegnitztal liegen auf dem Gebiet des Na-

Eine Bergwelt en miniature: Kaum mehr als 650 Meter ragt die Fränkische Alb auf, die zwischen Nürnberg, Bayreuth und Regensburg liegt. Im Bild der Blick vom Staffelberg.

turparks sowie die bizarren Felsformationen des Mittelgebirgsrückens. Im Frühjahr und Sommer blühen Orchideen, Lilien, Veilchen und Anemonen. Mehr als 5000 Kilometer bestens markierter Wanderwege führen zu

Grotten, durch Auen und Wälder und sorgen für immer wieder atemberaubende Aussichten. Wem der Sinn zwischendurch nach Stadtleben und Kultur steht, der hat mit Nürnberg, Bayreuth, Bamberg, Erlangen und

Coburg, den fünf Städten rund um das Parkgebiet, gute Auswahlmöglichkeiten. Hinzu kommt eine große Zahl hübscher kleiner Orte, darunter nicht wenige Luftkurorte und Heilbäder.

WIESENTTAL

Im Herzen der Fränkischen Schweiz liegen das Wiesenttal und der gleichnamige Markt; zur Marktgemeinde gehören unter anderem die beiden ältesten Luftkurorte der Umgebung, Streitberg und Muggendorf. Man könnte die kleine Region als Extrakt der Höhepunkte des Naturparks bezeichnen. Hier findet der Besucher auf übersichtlicher Fläche zahlreiche Sehenswürdigkeiten. Dazu gehört der sogenannte Druidenhain, ein Waldstück im Esbach. Die Formen und die Lage der dortigen Jurafelsen verleihen dem Ort etwas Mystisches. Neben den Ruinen Streitburg und Neideck ist die Binghöhle einer der größten Anziehungspunkte. Sie genießt den Ruf, zu den herrlichsten Tropfsteinhöhlen von ganz Deutschland zu gehören. Sehr interessant ist der Geologische Erlebnispfad. Der 3,6 Kilometer lange Rundweg führt zu Höhlen, einem Wasserfall und Versteinerungen.

Wind, Wetter und Erdbewegungen haben bei Wiesenttal-Neudorf ein natürliches Felsentor geschaffen. Es bildet einen Eingang zur Riesenburg, einer Höhlenruine.

Vom Kletterrevier Röthelfels geht der Blick auf Alten- und Wiesenttal. Klettern ist der dominierende Sport der Fränkischen Schweiz. Kein Wunder, gibt es doch mehr als 5000 verschiedene Routen.

NATURPARK FRANKENWALD

Im nördlichen Oberfranken, an der Grenze zum Thüringer Wald und zum Fichtelgebirge, liegt der herrliche Naturpark Frankenwald. Er erstreckt sich über 1023 Quadratkilometer, über die Hälfte davon gehört ganz den Bäumen. Wo sich früher Tannen und Rotbuchen abgewechselt haben, stehen heute vor allem Fichten. In den Flusstälern erwarten den Besucher Wiesen und Auen, an die sich reichlich bewachsene Hänge anschließen. Hochplateaus sorgen für tolle Aussichten. Dass in der Gegend viel Schiefer vorhanden ist, kann man gut an den dunklen Dächern in vielen Dörfern der Region sehen. Holz spielt seit jeher für die Wirtschaft eine wichtige Rolle. Das spiegelt sich in Sägemühlen und der Flößertradition wider. Mächtige Tannen wurden zu Wasser über weite Strecken transportiert.

NATURPARK FICHTELGEBIRGE

Im Grenzgebiet von Sachsen, Bayern und Tschechien liegt der 1020 Quadratkilometer umspannende Naturpark Fichtelgebirge. Der gesamte Gebirgsrücken gehört ebenso zum Gelände wie der höchste Berg Frankens, der 1052 Meter hohe Schneeberg. Da ist es nicht überraschend, dass Felsen eins der beherrschenden Themen der Region sind. Eindrucksvolle Steinblöcke thronen neben schlanken hohen Türmen, beide überwiegend aus Granit. Das Fichtelgebirge ist eine waldreiche Region. Auch Moore sind hier zu finden. Eger und Röslau sowie kleine Nebenflüsschen plätschern vor sich hin. Auf den Felsen gedeihen seltene Flechten und Moose. In waldigen Höhen sprießen Arnika und Bärwurz, ebenfalls in ihrem Vorkommen bereits eingeschränkt. Das Auerhuhn hat hier sein Revier, das so ziemlich einzige außerhalb der Alpen.

Der Gegensatz zwischen intaktem Wald und den deutlichen Spuren intensiver Rodung, zwischen malerischen Felsen und dem Bergbau ist vielerorts heute noch im Frankenwald sichtbar.

Der Wanderweg auf den Ochsenkopf führt durch einen dichten Wald. Mit 1024 Metern ist der Ochsenkopf die zweithöchste Erhebung im Fichtelgebirge – und ein kleines Freizeitparadies.

NATURPARK STEINWALD

Mit nur 246 Quadratkilometern Fläche ist er der kleinste Naturpark in Bayern. Er liegt südlich des Fichtelgebirges und trägt seinen Namen zu Recht, denn es handelt sich um einen Granitrücken, der komplett bewaldet ist. Auf dem Hauptgipfel in 946 Metern Höhe steht der Oberpfalzturm, von dem aus man eine herrliche Weitsicht hat. Bemerkenswert sind die artenreichen Feuchtgebiete im Südosten. Einige gefährdete Tierarten

sind dort heimisch, darunter die Kreuzotter, um deren Verbreitung sich der Naturpark bemüht. Der Steinwald ist gut erschlossen. Im Kemnather Land gibt es einen 18 Kilometer langen geologischen Lehrpfad, der mit der Entstehung der Granit- und Basaltformationen vertraut macht. Im Sommer lädt der Naturpark zum Klettern oder Inlineskating ein, im Winter stehen Schneeschuhwanderungen und Langlauf auf dem Programm.

Im Steinwald kommen viele kleine und große Nagetiere wie Dachse, Iltisse, Igel und Baummarder vor. Auch der flinke Steinmarder (unten) ist hier heimisch.

Der Große Räuberfelsen ist ein beliebtes Revier für Sportkletterer, die sich vor allem an seiner Nordwand versuchen können.

KREUZOTTERN

Sie ist das bekannteste giftige Tier Deutschlands: die Kreuzotter. Auch wenn sich die Tiere in ihren Färbungen erheblich unterscheiden – sogar so weit, dass sich wohl kaum zwei Schlangen gleichen –, so sind sie doch alle an einem dunklen, im Zickzack über ihren Rücken verlaufenden Streifen zu erkennen. Ihr Kopf ist breiter als der Hals, die Weibchen sind in der Regel größer und muskulöser und können bis zu 90 Zentimeter lang werden. Die Kreuzotter ist vor allem in Höhlungen unter Baumwurzeln, in Maulwurfslöchern oder in verlassenen Fuchsbauten zuhause. Optimal hat sie sich eingerichtet, wenn sie vor ihrer Haustür ein sonniges Plätzchen vorfindet, auf dem sie sich von den Sonnenstrahlen wärmen lassen kann. Sie ist tagaktiv, wobei von »Aktivität« nicht unbedingt die Rede sein kann. Alfred Brehm bescheinigt ihr eine »Gleichgültigkeit um alles, was sie nicht berührt«, und so geht sie meist erst in der Dämmerung auf Beutefang. Durch einen schnellen Biss aus einer Lauerstellung heraus wird dem Beutetier – vor allem Mäuse und Frösche – Gift injiziert, an dem es nach kurzer Zeit verendet. Für den Menschen ist das Gift nur bedingt gefährlich, Kinder und Senioren sollten vorsichtig sein. Generell ist aber nach einem Schlangenbiss ein Arzt aufzusuchen.

Kreuzottern machen meist durch ein lautes Zischen auf sich aufmerksam, wenn man ihnen zu nahe kommt. Von Oktober bis März verfallen sie in eine Kältestarre, die sie in Höhlen verbringen.

NATURPARK NÖRDLICHER OBERPFÄLZER WALD

Vorwiegend Fichten, Kiefern und Buchen bedecken beinahe die Hälfte des 1380 Quadratkilometer umfassenden Naturparks. Dieser schmiegt sich an die Grenze zu Tschechien und ist das südlichste Gebiet Bayerns, das aufgrund von vulkanischer Aktivität entstanden ist. Die für die Region typischen Basaltkegel sind sichtbare Zeugen davon. Neben Felsen und Forst prägt auch Wasser die Landschaft, etwa die Täler von Lerau und Waldnaab, und im Westen des Parks findet man eine ausgedehnte Teichlandschaft. Viele der Teiche wurden von Mönchen angelegt, die darin Fische für ihre Klöster züchteten. In den Feuchtzonen fühlen sich Orchideen wohl. Bei Wampenhof gibt es eine Wacholderheidenzone, sonst herrschen blumenreiche Wiesen vor, die gern von Schmetterlingen besucht werden.

NATURPARK OBERPFÄLZER WALD

Im Spätsommer hält sich oft der Nebel lang zwischen den Bäumen. Neben Kiefern und Fichten kommen hier auch viele Buchen vor.

An der Grenze zu Tschechien liegt der Naturpark Oberpfälzer Wald eingebettet zwischen zwei weiteren Naturparks. Knapp die Hälfte seiner 817 Quadratkilometer sind Waldgebiete, meist Kiefern und Fichten. Wie bei seinen Parknachbarn, so dominieren auch hier Granit und viel Wasser das Bild. Die beiden wichtigsten Gewässer sind die Flüsse Naab und Schwarzach. Auch die für die Gegend typischen Karpfenteiche findet man. Besonderheiten, die den Park von anderen abheben, sind seine tierischen Bewohner: Rohrdommel, Schwarzstorch und Uhu haben hier ihr Zuhause. Auch Fischotter werden immer wieder gesichtet. Im Naturschutzgebiet Prackendorfer und Kulzer Moos erwartet den Besucher ferner ein Moor mit der dafür typischen Vegetation. Seltene Orchideenarten und auch Enzian wachsen hier.

Das Tal der Waldnaab ist zwischen Windischeschenbach und Falkenberg Naturschutzgebiet. Kilometerlang hat sich der Fluss tief in den Granit geschnitten.

NATURPARK HIRSCHWALD

Die Fledermausart Große Hufeisennase hat in Deutschland nur noch im Naturpark Hirschwald eine Wochenstube, in der die Weibchen ihre Jungen auf die Welt bringen.

Zwischen Regensburg, Nürnberg und Amberg liegt der nur 280 Quadratkilometer große Naturpark Hirschwald. So klein die Fläche sein mag, so groß ist zweifellos seine Vielseitigkeit. Landschaftlich wird fast alles geboten, von sanften Tälern bis hin zu Bergen, bunten Wiesen und Getreidefeldern. Dichte Wälder gibt es hier natürlich auch. Auf den Hochflächen findet man einen unglaublichen Reichtum an seltenen Wildkräutern. Dazu gehören Ackerhahnenfuß und Ackerrittersporn oder auch Kreuzenzian und Orchideen. Kein Wunder, dass Bienen und Schmetterlinge in großer Zahl angezogen werden. Mehr als 14 Fledermausarten sind für den Naturpark nachgewiesen. Nicht zuletzt sind Wanderfalken zu beobachten, die hier durch die Lüfte segeln. Rot-, Schwarz- und Damwild finden im Wald im Herzen des Parks Schutz.

NATURPARK OBERER BAYERISCHER WALD

Rund um den Bayerischen Wald gibt es mehrere Naturparks und auch einen Nationalpark. Der Naturpark Oberer Bayerischer Wald zählt mit einer Fläche von 1738 Quadratkilometern zu den größten Bayerns. Nicht ganz die Hälfte seines Gebiets steht unter Naturschutz und ist in zwölf Bereiche aufgeteilt. Der Keulenbärlapp, eine Pflanze auf der Roten Liste, gedeiht hier prächtig, ebenso wie der seltene Krause Rollfarn. Mit 1293 Metern gehört der Große Osser zu den höchsten Bergen der Region. Er liegt direkt an der Grenze zu Tschechien und bildet mit seinem Bruder, dem Kleinen Osser, zwei Höcker, die weithin sichtbaren Wahrzeichen des Parks. Die Kombination aus Wäldern, Bergen, Tälern und einigen Seen sorgt im Sommer und im Winter für perfekte Freizeitmöglichkeiten. Kilometerlange Wander- und Radwege stehen zur Verfügung.

Blick von der 1062 Meter hohen Hindenburgkanzel über die Region Lamer Winkel, die als eine der schönsten im Bayerischen Wald gilt und touristisch gut erschlossen ist.

Zwischen Pösing und Cham bilden die Auen des Regen ein Naturschutzgebiet, das für seinen besonderen Vogelreichtum bekannt ist.

KLEINER ARBER UND KLEINER ARBERSEE

Der Kleine Arber ist 1384 Meter hoch und damit der höchste Berg im Bereich des Oberen Bayerischen Waldes. Über ihn verläuft die »Grenze« zwischen Niederbayern und der Oberpfalz. Zu seinen Füßen liegt das Naturschutzgebiet Kleiner Arbersee, eine wahrhaft märchenhafte Landschaft. Im See liegen drei Inseln aus Moor und Torf, die sich bei einer Stauung des Sees bildeten: Teile des Ufers lösten sich und bildeten ei-

genständige Eilande. Diese schwimmenden Inseln waren einmal ohne feste Verbindung zum Grund des Gewässers, eine ist es noch heute und wechselt langsam, aber beständig ihre Position. Auf den Inseln gedeihen der fleischfressende Sonnentau und die giftige Rosmarinheide, sie können nicht betreten werden. Dafür führt ein Rundweg über Bohlen und Holzstege rund um den Kleinen Arbersee.

Die schwimmenden Inseln im Kleinen Arbersee werden durch drei Meter dickes Wurzelwerk zusammengehalten.

Vom Ufer hat man einen herrlichen Blick auf den Großen Arber (im Bildhintergrund), der den Kleinen Arber nur um 72 Meter überragt.

NATURPARK BAYERISCHER WALD

Direkt an den südlichen Rand des Naturparks Oberer Bayerischer Wald grenzt der Naturpark Bayerischer Wald. Er erstreckt sich über 2780 Quadratkilometer. Der bereits 1967 gegründete Park ist nicht nur einer der größten, sondern auch einer der ältesten Deutschlands. Der höchste Berg in dem zur Hälfte bewaldeten Areal ist der Große Arber. Außer den Hochflächen gehört das Tal der Donau zu seinen beliebtesten Anziehungs-

Mystisch wirkt der Wald am Dreisesselberg mit seinen skurrilen Felsformationen, die schon Adalbert Stifter inspirierten. Bildleiste von oben: Höllbach, Steinklamm und Buchberger Leite.

punkten. Eine Sache sollte im Zusammenhang mit diesem Naturpark unbedingt erwähnt werden: Dies ist der unglaubliche Reichtum an Tieren und Pflanzen, die anderenorts gar nicht mehr oder nur noch extrem selten zu finden sind. So beispielsweise der Luchs, dessen Ansiedelung unterstützt wird. Unter den schützenswerten Pflanzen, die sich im Park heimisch fühlen, sind Ungarischer Enzian und Holunderorchis.

GROSSER ARBER UND GROSSER ARBERSEE

Der 1456 Meter hohe Große Arber ist nicht nur der höchste Berg des Naturparks, sondern auch des gesamten bayerisch-böhmischen Mittelgebirges. Man kann ihn mit einer Bergbahn erklimmen, oben zwischen Bergkiefern und Bergfichten spazieren gehen, die vier Gipfel erkunden und im Winter das Skigebiet nutzen. Kälte, Niederschlag und häufig auftretender Ostwind sorgen dann für ein Naturphänomen: Bäume und Sträucher werden von eigenwillig gezackten Eiskrusten bedeckt. An einer Flanke des Berges auf über 900 Metern Höhe liegt der Große Arbersee, ein Relikt der Eiszeit. Seine spektakuläre Lage am steil aufragenden Gipfel haben ihn zu einer der Hauptsehenswürdigkeiten des Bayerischen Waldes gemacht. Und das nicht nur für den Menschen. Auch Tiere und Pflanzen fühlen sich hier wohl, weshalb das Gelände unter Naturschutz steht.

480 Millionen Jahre alt ist der Gneisfelsen Richard-Wagner-Kopf am Gipfel des Großen Arbers (1456 Meter), der im Profil an den großen Komponisten erinnert.

Wanderwege führen auf den Gipfel des Großen Arber, für die man zwar Ausdauer, aber keine Kletterausrüstung mitbringen muss.

LUCHSE

Wo in Europa noch wirklich ursprüngliche Regionen verblieben sind, haben Luchse überlebt oder wurden wieder angesiedelt. Es handelt sich um die westliche Gruppe des Eurasischen Luchses, dessen Vorkommen über den Kaukasus und die mittelasiatischen Gebirge bis Kamtschatka reicht. In Spanien kommt eine nah verwandte Art vor, der Pardelluchs, der intensiv gefleckt ist. Skandinavische Tiere können fast einfarbig sein, während in den Karpaten die Luchse eine stärkere Fleckenzeichnung tragen. Die langen Ohrpinsel, der Backenbart und der hochbeinige Gang kennzeichnen alle Luchse. In Deutschland wurde der Luchs schon im 18. Jahrhundert aufgrund von Konkurrenzdenken ausgerottet, denn er braucht große Reviere und jagt nicht selten Rehe. Inzwischen wurden aber in vielen Gebieten, vom Harz bis zum Bayerischen Wald, wieder Luchse angesiedelt. Gute Bestände gibt es in Estland oder auf der Balkanhalbinsel. Die Hauptbeutetiere der Luchse sind Hasen, Mäuse, Eichhörnchen und Siebenschläfer sowie Vögel, von der am Boden brütenden Waldschnepfe bis zum Auerhuhn; sie reißen aber sogar Füchse. Im späten Frühjahr wirft die Luchsin zwei bis vier Junge, die sie in Felshöhlen oder unter den Wurzeln eines umgestürzten Baumes großzieht.

Die Urwüchsigkeit des Bayerischen Waldes ist in Deutschland fast einmalig und gefällt vielen wilden Tieren wie den Luchsen.

NATIONALPARK BAYERISCHER WALD

Im Oktober 1970 wurde der Nationalpark offiziell aus der Taufe gehoben. Er ist damit der älteste in Deutschland. Seit 1997 hat er seine heutige Größe von rund 242 Quadratkilometern. Der Wald, bestehend vor allem aus Buchen und Fichten, ist das bestimmende Element. Ab dem Mittelalter begann die Nutzung von Holz. Man rodete Flächen, um Klöster und später Siedlungen zu bauen. Auch für die Glashütten, die für die Region

Der älteste Nationalpark Deutschlands und eines der größten Waldgebiete Europas: Im Bayerischen Wald im bayerisch-tschechischen Grenzgebiet darf die Natur machen, was sie will.

von Bedeutung waren, brauchte man Brennstoff. Glücklicherweise gab es so viele Bäume, dass der Bestand nicht gefährdet wurde. Allerdings wurden seit Anfang des 20. Jahrhunderts vor allem viele alte Baumriesen gefällt und durch Fichten, die besonders schnell wachsen, ersetzt. Mit Gründung des Nationalparks hat man dieser Entwicklung Einhalt geboten. Jetzt heißt es die Natur weitestgehend sich selbst überlassen.

Bär, Wolf und Luchs haben früher frei im Bayerischen Wald gelebt. Heute sind sie nur noch in Freigehegen zu Hause, die kostenfrei besucht werden können: so etwa im Nationalparkzentrum Lusen mit seinem Baumwi-

felpfad und im Nationalparkzentrum Falkenstein. Auch Elche, Wisente und Biber sind hier aus der Nähe zu bestaunen. In der freien Wildbahn haben eher kleinere Tiere ihr Zuhause gefunden: Zahlreiche Fledermausar-

Bären, Wölfe, Wildkatzen, Luchse und Wisente – vor einigen Jahrhunderten streiften sie noch im Bayerischen Wald umher. Heute leben sie in den Freigehegen der Nationalparkzentren.

ten bevölkern den Bayerischen Wald, dazu Tausende Vogel-, Schlangen- und Insektenarten und die possierlichen Fischotter. In den letzten Jahren sind auch immer wieder Wölfe aus den Freigehegen ausgebrochen und haben ihr Glück in Freiheit gesucht – sehr zum Missfallen der Bevölkerung. Zu den gefährdeten Arten gehört das Auerhuhn, das sehr schreckhaft ist und häufig von Wanderern aufgescheucht wird.

NATURPARK ALTMÜHLTAL

Mit einer Fläche von 2906 Quadratkilometern gehört der Naturpark Altmühltal zu den drei größten in Deutschland. Er liegt im Herzen Bayerns und präsentiert eine wahre Fülle von Naturattraktionen. Da ist zunächst das Tal der Altmühl selbst, das sich von West nach Ost durch Jurakalkfelsen schlängelt. Meist erscheint die Landschaft sanft und lieblich, doch ragen im nächsten Moment steile Wände auf. Auf den Hochebenen blickt man über Trockenrasenflächen, feuchte Auen in den Niederungen und über die Weite der typischen Wacholderheidelandschaft. Etwa die Hälfte des Parks gehört dem Wald. So abwechslungsreich die Natur ist, so lang und wechselvoll ist auch die Geschichte dieses Landstrichs, in dem es viel zu sehen und zu erleben gibt. Schon die Kelten und dann die Römer haben hier ihre Spuren hinterlassen. Ein Teil des berühmten Limes führt durch den Naturpark. Wer Lust hat, kann noch weiter in der Historie zurückreisen. Zahlreiche Fossilienfunde berichten von der geologischen Veränderung, die das Altmühltal hinter sich hat. In so manchem Steinbruch darf man sogar selbst nach Fossilien graben. Natürlich gibt es ein gut ausgebautes Netz an Wander- und Radwegen, die den gesamten Park auf herrlichen Routen erschließen.

»Das Leben ist ein langer, ruhiger Fluss«: Nirgendwo ist dieses Wort passender als im Tal der Altmühl, in dem man sich von jedem Zeitdruck befreit fühlt.

Die Felsformationen Burgstein und Zwölf Apostel sind markante Punkte entlang der malerischen Altmühl.

ALLGÄUER ALPEN

Beschäftigt man sich mit den Allgäuer Alpen, wird schnell klar, dass hier Grenzen ebenso verschwimmen wie Begrifflichkeiten. Schon die Fläche des Allgäu lässt sich nicht völlig eindeutig festlegen. Sie stößt im Süden an den Bodensee, liegt hauptsächlich in Bayern, zu Teilen aber auch in Baden-Württemberg und sogar in Österreich. Die Allgäuer Alpen konkret liegen etwa zur Hälfte in Deutschland und zur anderen Hälfte im österreichischen Nachbarland. Auf deutschem Boden erstrecken sie sich über zwei Bundesländer. Ihr höchster Berg ist der 2657 Meter hohe Große Krottenkopf in Tirol. Auf bayerischem Gebiet ist die nur acht Meter niedrigere Hochfrottspitze die höchste Erhebung. Felsen und Gestein, Höhlen und Gletscher dominieren naturgemäß die Landschaft. Doch die Allgäuer Alpen sind noch viel mehr. Man findet dort Seen, sowohl im Tal als auch in atembe-raubenden Höhen. Die Flüsse Lech, Breitach, Iller und andere Fließgewässer haben zum Teil deutliche Spuren hinterlassen, indem sie tiefe Schluchten gegraben haben. Die bayerischen Allgäuer Alpen sind in sechs Naturschutzgebiete aufgeteilt, die zusammen über 236 Quadratkilometer umfassen. Das größte ist das seit 1992 existierende Naturschutzgebiet Allgäuer Hochalpen. Einer der bekanntesten Orte der Region ist Oberstdorf.

Der mitten im Hochgebirge auf 1813 Metern Höhe liegende Schrecksee wird von Lahnerscharte und Lahnerkopf umstanden.

Ganz links: Im Rappenalpental blüht Großblütige Gamswurz vor den Bergen Geißhorn (2366 Meter), Liechelkopf (2383 Meter) und Elferkopf (2387 Meter) im Hintergrund. Links: Berg-Flockenblume.

Trettachspitze (2595 Meter), Mädelegabel (2645 Meter) und Hochfrottspitze (2649 Meter) sind drei markante Berge des zentralen Hauptkamms der Allgäuer Alpen.

NEBELHORN

Rund um Oberstdorf erheben sich Fell- und Nebelhorn. Auf Letzteren führt die höchste Bergbahn des Allgäus hinauf.

Das 2224 Meter hohe Nebelhorn ist geologisch höchst interessant. Es liegt genau dort, wo die Sedimentschichten der Flyschberge und die Nördlichen Kalkalpen aufeinandertreffen. Der Berg besteht daher sowohl aus Kalk und Dolomit als auch aus dem recht groben Flysch. Die meisten Besucher des Nebelhorns interessieren sich jedoch weniger für seinen Aufbau, sondern kommen meist wegen seines grandiosen Wintersportgebietes, dem höchsten im Allgäu. Und gleich noch ein Superlativ: Auf den Berg führt die höchste Bergbahn des Allgäus hinauf, ehe man ganz oben eine atemberaubende Aussicht genießen kann. 400 Gipfel soll man bei guter Sicht von dort sehen können. Im Sommer lädt ein Panoramaweg zum Spaziergang ein, im Winter warten 13 Kilometer Skipiste, darunter die knapp acht Kilometer lange Abfahrt hinab ins Tal, auf Sportbegeisterte.

Faszinierend eng und wild zeigt sich die Felsschlucht der Breitachklamm. Ausgebaute Wege führen durch sie hindurch.

In der Nähe von Oberstdorf wartet die tiefste Felsschlucht in ganz Mitteleuropa. Fast 100 Meter steigen die Wände steil über dem Tal der Breitach in die Höhe. Der Fluss ergießt sich schäumend in die Schlucht, schlängelt sich durch Gesteinsbrocken und stürzt in Abgründe. Verschiedene Wanderwege beziehen die Klamm mit ein. Der gut ausgebaute, kostenpflichtige Weg durch die Klamm führt über Holzstege, Treppen und durch Fels-tunnels hindurch, in denen man auch mal den Kopf einziehen muss. Auch kann es durch die spritzende Gischt an einigen Stellen etwas feucht werden. Start der Wanderung durch die Klamm ist am Parkplatz in Tiefenbach. Dort und am oberen Ende der Schlucht wird der Eintritt kassiert. In der Nähe der Klamm wartet mit dem Stuiben eine weitere Attraktion der Region auf: ein gewaltiger Wasserfall.

AMMERGAUER ALPEN

In direkter Nachbarschaft zu den Allgäuer Alpen befinden sich die Ammergauer Alpen. Es ist die Region König Ludwigs II., die Gegend zwischen Schloss Neuschwanstein, der Zugspitze und Garmisch-Partenkirchen.

Etwa ein Viertel der Fläche der Ammergauer Alpen ragt nach Tirol hinein, der Rest liegt auf bayerischem Boden. Das Ammergebirge, wie man es auch noch nennt, gehört zu den Nördlichen Kalkalpen, in seinem Zentrum

liegt die Quelle der Ammer. Die Ammergauer Hochplatte ist mit 2082 Metern die höchste Erhebung der nördlichen Kette. Mit Ausnahme einer Zone um Oberammergau herum sind die Ammergauer Alpen Natur-

Bei Bad Kohlgrub ergießen sich die Schleierfälle in die Ammer. Ihren Namen begreift man vor allem im Winter, wenn die zugefrorenen Wassermassen einen Schleier formen.

schutzgebiet und damit das größte Bayerns. Den Besucher erwarten hier vielleicht nicht ganz so bizarre und spektakuläre Formationen wie in anderen Teilen der Alpen, die Region ist darum aber nicht weniger attraktiv.

Im Gegenteil: Ungewöhnliche Waldgebiete, bedeutende Hoch- und Niedermoore und das Vorkommen extrem seltener Pflanzen machen seinen Reiz aus. Alles ist auf gut erschlossenen Wander- und Radwegen sowie

Loipen zu erreichen. Hinzu kommen zahlreiche kulturelle Schätze, Kirchen, Theater und Klöster sowie die Ortschaften Ober- und Unterammergau, Garmisch-Partenkirchen, Füssen und Bad Bayersoien.

FÜNFSEENLAND

Unweit der Landeshauptstadt München liegt das Fünfseenland. Im Allgemeinen versteht man darunter die Region zwischen den beiden großen Seen, dem Ammer- und Starnberger See, in der die drei kleineren Seen, der Wörth-, Pilsen- und der Weßlinger See, eingebettet liegen. Die sanften Hügel des Alpenvorlands bildeten sich hier durch Erosion und Ablagerung der Gletscher der letzten Eiszeit. Die so entstandene Moränenland-schaft ist heute eine intensiv landwirtschaftlich genutzte Flurfläche, die von Wäldern unterbrochen wird. In dieser Kulturlandschaft wachsen einige seltene alpine Pflanzenarten, unter anderem der Enzian und die Dunkle Akelei. In den Mooren findet man sogar fleischfressende Fettkraut- und Sonnentauarten. An den Seen kann man das Werk der Biber bestaunen, die hier seit einiger Zeit wieder heimisch geworden sind. Einer der markantesten Orte des Fünfseenlands ist der »heilige Berg«, das Kloster Andechs. Dieses geistige Zentrum der Region erreicht man auf einer Wanderung, die durch das urwüchsige Kiental bei Herrsching führt. Das Gebiet des Fünfseenlandes hat einen sehr hohen Freizeitwert und wird vor allem für Wassersport genutzt, aber auch viele Wanderer und Radfahrer lassen sich auf dem weitverzweigten Wegenetz die Landschaft näherbringen.

An der Seepromenade von Herrsching am Ammersee kann man die Seele baumeln lassen und das gemütliche Flair des Sees genießen.

Seerüssling und Ammersee-Tiefseesaibling im Ammersee. Beide Fischarten sind extrem selten, Letzterer kommt nur im Ammersee vor.

OSTERSEEN

Eines der beschaulichsten Relikte der letzten Eiszeit im Fünfseenland sind die Osterseen: ein gut 1000 Hektar großes Naturschutzgebiet zwischen Iffeldorf und dem Starnberger See. Die bis zu zwei Kilometer langen, unterschiedlich großen Seen entstanden durch schmelzende Eisblöcke, die Bodenvertiefungen hinterließen, die sich mit Schotter und später mit Grundwasser füllten. Lange Zeit war das Gebiet nur dünn besiedelt, bis es in den 1970er-Jahren zum beliebten Ziel von Sommerfrischlern wurde. Als das Areal ökologisch zusammenzubrechen drohte, wurde das Baden weitgehend verboten. Aber auch eine Wanderung durch die Osterseenlandschaft – die man am besten von Iffeldorf aus unternimmt – ist ein Erlebnis. Auf den Wegen entlang der Ufer begegnet man seltenen Vögeln und Insekten wie der Sibirischen Winterlibelle oder dem Drosselrohrsänger.

So große Hechte wie dieser hier beißen im Starnberger See eher selten an, Angler erfreuen sich hier aber an Renke und Karpfen.

Das Naherholungsgebiet der Osterseen bietet nicht nur herrliche Ausichten, sondern auch einige Badestellen sowie zahlreiche Wanderwege.

MURNAUER MOOS

Das Murnauer Moos ist mit einer Fläche von 32 Quadratkilometern das größte zusammenhängende Alpenrandmoor Mitteleuropas. Es entstand nach der letzten Eiszeit aus einem Ausläufer des Loisachgletschers. In diesem Ökosystem findet man über 1000 Pflanzenarten, von denen 164 auf der Roten Liste stehen, zum Beispiel die Sibirische Schwertlilie oder das Wanzen-Knabenkraut. Das Moor gilt auch als eines der größten Brutgebiete in Europa. Verschiedene Wege laden zum Erkunden ein, oder man erlebt die Natur auf einer geführten Wanderung. Wer einmal diese malerische Region besucht hat, versteht sofort, warum diese grandiose, vom oberbayerischen Alpenpanorama eingerahmte Landschaft zahlreiche namhafte Künstler wie Wassily Kandinsky (1866 bis 1944) und Franz Marc (1880–1916) zu meisterhaften Werken inspirierte.

Breitblättriges Knabenkraut und die Sibirische Schwertlilie (Bildleiste von oben) sind nur zwei der über 1000 Pflanzenarten, die das Murnauer Moos zu bieten hat.

Die Wiese mit Märzenbechern kündet schon vom nahenden Frühling, die Berge des Esterge-birges im Hintergrund sind hingegen noch tief verschneit.

WETTERSTEINGEBIRGE UND ZUGSPITZE

Das Wettersteingebirge gehört zu den Nördlichen Kalkalpen und liegt zwischen Garmisch-Partenkirchen im Norden und Seefeld in Tirol im Süden. Der Gebirgsstock ist sehr kompakt und hat schroff abfallende Gipfel, die weit über 2500 Meter hinaufragen, darunter mit der Zugspitze (2962 Meter) den höchsten Gipfel Deutschlands. Das Gebirge ist durch mehrere Seilbahnen und eine Zahnradbahn sehr gut erschlossen. Viele Touristen verbringen in der Region ihren Urlaub, um bei Naturschönheiten wie der Partnachklamm, dem Höllental oder dem Eibsee den Alltag zu vergessen. Der Deutsche Alpenverein unterhält hier mehrere Hütten. Am bekanntesten sind das »Münchner Haus« auf der Zugspitze, die »Knorrhütte«, die »Meillerhütte«, die »Höllentalangerhütte« und die »Reintalangerhütte«, die alle zu Fuß erreichbar sind und als Stützpunkt für Wanderungen dienen. Trotz der intensiven Almwirtschaft gibt es abseits des Touristenstroms bis heute Möglichkeiten, die Ruhe und Abgeschiedenheit der Berge zu genießen. Hier haben sich viele Tierarten ihren ursprünglichen Lebensraum bewahrt. So kann man Steinadler, Alpensalamander, Murmeltiere und Gämsen beobachten. Selbst ein seit Jahren ausgestorben geglaubter Schmetterling wurde kürzlich auf der Zugspitze wiederentdeckt.

Deutschlands höchster Berg, die Zugspitze, dominiert die Bergkulisse des Wettersteins. Mit seiner markanten, nach Westen steil abfallenden Flanke ist er schon von Weitem erkennbar.

Der smaragdgrüne Eibsee schillert am Fuß der Zugspitze. Er gehört mit seinen Inseln zum Privatbesitz eines direkt am See gelegenen Hotels.

LOISACHTAL UND LOISACHWINKEL

Auf ihrem Weg zur Isar durchfließt die Loisach den besonders malerischen Kochelsee. Mit dem Schlauchboot lernt man gemütlich den Fluss und seine Naturlandschaft kennen.

Die Loisach ist ein 114 Kilometer langer Gebirgsfluss, der, aus Tirol kommend, durch Garmisch-Partenkirchen, den Kochelsee und Wolfratshausen der Isar zufließt. Ihr Name stammt aus dem Keltischen und bedeutet »die Liebliche«. Bis auf wenige Ausnahmen macht der Fluss seinem Namen alle Ehre. Beschaulich fließt er durch die Gemeinden an seinen Ufern und mündet, nachdem er eine Kehrtwende nach Süden gemacht hat, in den Kochelsee. Nur gute zwei Kilometer Luftlinie entfernt fließt die Loisach auf derselben Seeseite wieder hinaus und speist das Loisach-Kochelsee-Moor, das Heimstatt von vielen selten gewordene Pflanzen ist. An den Hängen der mächtigen Benedikten- wand, die sich hinter Benediktbeuern über dem Loisachtal erhebt, lebt eine Kolonie von über 100 Steinböcken. Bei einer Besteigung des Gipfels kann man die Tiere vor allem am frühen Morgen beobachten. Hinter Bene- diktbeuern verlässt die Loisach die bayeri- schen Voralpen und fließt wenige Kilometer später in der Pupplinger Au bei Wolfratshau- sen in die Isar. Nach und nach wird die Loi- sach im Tal von Oberau bis Garmisch-Par- tenkirchen renaturiert, um einerseits einen besseren Hochwasserschutz zu erzielen und andererseits Erholungsflächen für Menschen und Rückzugsgebiete für Tiere zu schaffen.

KOCHELSEE UND KOCHELMOOS

Der bis zu 66 Meter tiefe Kochelsee wird von der Loisach durchflossen und im Norden umrahmt von Moorflächen, im Süden von den Hängen von Jochberg, Herzogstand und Heimgarten.

Der Kochelsee liegt 65 Kilometer südlich von München am Rande der Bayerischen Alpen. Das Gewässer entstand in der Würm-Eiszeit durch Ausschürfung des Isar-Loisach-Gletschers. Er ist sechs Quadratkilometer groß und wird auf der Südseite von den Kocheler Hausbergen Sonnenspitz, Jochberg, Herzogstand und Heimgarten, die alle um 1500 Meter hoch sind, umrahmt. Im Norden schließt an ihn das Loisach-Kochelsee-Moor an, das

durch Verlandung von Teilen des Sees entstanden ist. Die Region ist ein beliebtes Urlaubsgebiet und wird im Sommer von vielen Erholungsuchenden besucht, die zum Baden, Surfen und Wandern hierher kommen. Trotz der Vielzahl der Gäste hat sich die Natur weitgehend ihre Ursprünglichkeit bewahrt. Vor allem das Kochelmoor ist ein einmaliges Ökosystem und Lebensraum für viele seltene Pflanzenarten. Auch Wiesenbrüter finden in

den Hochmooren, Bruchwaldresten und aufgelassenen Torfstichen ideale Nistbedingungen. Auf einer geführten Vogelbeobachtung kann man mit etwas Glück so scheue Tiere wie die Goldammer, den Gimpel oder sogar einen Eisvogel entdecken. Die Berge im Süden bieten viele Ausflugsmöglichkeiten. So kann man die meisten auf gut beschilderten Wegen besteigen und dabei wunderschöne Almwiesen und Bergwälder entdecken.

ISARTAL

Die »Reißende«, was der Name Isar ursprünglich bedeutet, ist heute in weiten Teilen ein gezähmter Gebirgsfluss. Fast 300 Kilometer legt sie auf ihrem Weg aus dem Karwendel bis zur Donau zurück und durchfließt dabei die unterschiedlichsten Naturlandschaften, vor allem die bayerischen Voralpen und die Münchner Schotterebene. Über Jahrhunderte wurde auf dem Fluss Holz geflößt und viele Mühlen nutzten die Wasserkraft des kräftigen Stroms. Später wurden mehrere Wasserkraftwerke am Fluss errichtet. So verlor die Isar nach und nach ihren natürlichen Lauf. In den 1980er-Jahren fand eine Rückbesinnung statt und es wurde damit begonnen, dem Fluss wieder ein natürliches Bett zu ermöglichen. Vor allem die Stadt München hat viel Mühe in die Renaturierung der Isar investiert. So wurde der Fluss zwischen dem Wehr in Großhesselohe und dem Deutschen Museum aus seinem engen Bett befreit und Kiesbänke, Inseln und flache Uferzonen geschaffen, die heute von Münchnern zum Flanieren, Baden und Grillen genutzt werden. Dabei schafft der Fluss sich nach und nach sein eigenes Flussbett, das sich von Jahr zu Jahr verändert. Heute haben viele Fische, die selten geworden sind, wieder eine Heimstatt in der Isar. So findet man in kleinen Beständen Huchen, Koppen und Welse.

Das Werdenfelser Land im Oberen Isartal: Hier, wo die Landschaft langsam ins Gebirge übergeht, kann man noch etwas von der ursprünglichen Wildheit der Isar ahnen.

Der Sylvensteinstausee ist ein beliebtes Ausflugsziel zum Baden, Kajakfahren und Tauchen (links; rechts: die Isar bei Königsdorf).

SCHMALENSEE, GEROLDSEE, LAUTERSEE

Rund um den Markt Mittenwald am Fuße des Karwendels findet man eine große Anzahl von wunderschön gelegenen kleineren Seen. Der Lautersee liegt 100 Höhenmeter oberhalb von Mittenwald in einem Hochtal zwischen Hohem Kranzberg und Ederkanzel. Eine kurze Wanderung entlang des Lainbachs bringt einen hinaus zum See, der neben dem Naturgenuss auch zum Baden und Angeln lockt. Der Schmalensee liegt zwischen Mittenwald und Klais. In seiner ruhigen, glatten Oberfläche spiegeln sich die Karwendelspitzen malerisch wider. Der See ist bei Spaziergängern und Anglern gleichermaßen beliebt. Er beherbergt mit Forellen, Hechten, Zandern, Karpfen und Schleien eine große Auswahl an Fischen. In der Nähe des Sees liegt die größte zusammenhängende Buckelwiese in Bayern. Dieses einzigartige Naturphänomen ist ein Überbleibsel aus der Eiszeit. Heute sind die Wiesen ein geschütztes Biotop, das auf sehr engem Raum eine sehr große Artenvielfalt vereint. Die moorigen Senken und die trockenen Hügel bilden den Lebensraum für Enziane, Trollblume, Fliegen-Ragwurz, Knabenkräuter, Stendelwurz, Fettkräuter und Schwarzwurze. Der Geroldsee ist ein Moorsee mit hervorragender Wasserqualität, der sich im Sommer sehr schnell erwärmt und deshalb bei Badegästen sehr beliebt ist.

Schafe grasen im Morgennebel an einem der Mittenwalder Seen. Am Lautersee wurde 2010 speziell für Kinder ein Walderlebnispfad angelegt, der auch über die Tiere der Region aufklärt.

Der Geroldsee hat im Sommer oft angenehme Badetemperaturen, da er von dem nahegelegenen Moor gespeist wird.

MANGFALLGEBIRGE UND MANGFALLTAL

Südlich von München zwischen Isar und Inn liegt das Mangfallgebirge. Seine Gipfel erreichen Höhen bis zu 1884 Meter. Viele der Berge sind beliebte Ausflugsziele und zählen zu den »Münchner Hausbergen«. Besonders bekannt sind die Rotwand, der Wendelstein, der Wallberg und der Hirschberg. Die Region ist durch viele Seen, Almwiesen und dunkle Wälder charakterisiert. Die malerische Landschaft wirkt oft, als wäre sie einem Bilder-

buch entsprungen. Die Mangfall, ein Nebenfluss des Inns, hat dem Gebiet seinen Namen gegeben. Ihr idyllisches Flusstal ist ein beschauliches Rückzugsgebiet für Vögel und Amphibien. Obwohl das Mangfallgebirge selbst touristisch sehr stark genutzt wird und jedes Wochenende Tausende von Menschen in die Berge zur Erholung strömen, hat sich hier eine große Artenvielfalt bewahrt. So gedeihen hier immer noch viele Orchideenarten

wie Fliegen-Ragwurz und Frauenschuh. Auch viele Enzianarten sind hier heimisch. Am seltensten sind die Vorkommen von Kreuzenzian, der in enger Symbiose mit dem Kreuzenzian-Ameisenbläuling lebt. Dieser Falter legt seine Eier ausschließlich auf dieser Enzianart ab. Auch scheues Großwild wie Gämsen, Rotwild und sogar Steinböcke ist in der Region heimisch und kann am frühen Morgen beobachtet werden.

Wer kurz vorm Gipfel des Wendelsteins noch eine kleine Kletterpartie in Kauf nimmt, wählt die Roßsteinnadel als Ziel.

Wiese am Gipfel der Bodenschneid mit dem Tegernsee im Hintergrund. Sie ist ein 1669 Meter hoher Berg zwischen Tegern- und Spitzingsee.

CHIEMGAU

Das Chiemgau ist eine alte Natur- und Kulturlandschaft im südöstlichen Bayern. Begrenzt wird das Chiemgau durch den Inn im Westen, die Chiemgauer Alpen im Süden und den Rupertiwinkel sowie das Berchtesgadener Land im Osten. Das Chiemgau wird vor allem durch seine Seen und Moore geprägt, wie zum Beispiel das Kendlmühlfilzen im Süden des Chiemgaus, eines der größten Hochmoore Süddeutschlands. Typisch ist die Landschaft rund um die Seenplatte von Seeon und Eggstätt und natürlich auch das »Bayerische Meer« – der Chiemsee. Er bildet das Herz der Region. An seinem Ostufer liegt Chieming, das der gesamten Region den Namen gab. Der Mensch hat über Jahrtausende diese urzeitliche Landschaft durch Ackerbau und Siedlungsbau zu einer einmaligen Kulturlandschaft geformt. Die Klöster in Seeon und auf der Fraueninsel sowie die großen, aus Stein gebauten bäuerlichen Anwesen, im Volksmund »Itakerhöfe« genannt, sind Zeugnisse der reichhaltigen Kultur der Region. Auch König Ludwig II. war von der Schönheit der Landschaft so beeindruckt, dass er »sein Versailles« auf einer Insel im Chiemsee errichten wollte. Heute ist das Chiemgau eine Region, die für viele Besucher mit ihren weiten Feldern, sanften Hügeln und den Zwiebeltürmen das Idealbild Bayerns darstellt.

Für die einen ist es der oberbayerische Chiemsee, für die anderen das »Bayerische Meer«. Für letztere Ansicht spricht nicht nur dieses Bild, auch heißt der Hauptanlegeplatz für Schiffe »Übersee«.

Ganz links: Morgenstimmung in Gstadt am Chiemsee mit Blick auf die Fraueninsel. Links: Uferidylle am Langbürgner See.

Aus der Luft zeigen sich erst die Ausmaße und die ganze Farbpracht aus Türkis- und Grüntönen des unberührten Deltas der Tiroler Ache.

CHIEMGAUER ALPEN

Die Chiemgauer Alpen bilden den südlichen Abschluss des Chiemgaus. Im Westen ist der Inn, im Osten sind die Traun und die Berchtesgadener Alpen die Grenze dieser Gebirgsgruppe. Obwohl die Berge mit 1500 bis 1900 Metern nur eine bescheidene Höhe erreichen, gewähren sie viele schöne Ausblicke über die bayerischen Voralpen, das Chiemgau und teilweise bis in die Zentralalpen. Der höchste Berg ist mit 1961 Metern das Sonntagshorn südlich von Ruhpolding, das im Winter ein beliebtes Ziel von Skitourengehern ist. Die meisten Berge sind eher sanfte Erhebungen, die von mehreren Seiten relativ einfach bestiegen werden können. Die Nähe zu München, das reiche Angebot an Hütten und Almen sowie die Aufstiegshilfen am Hochfelln, an der Kampenwand und am Hochries haben dazu geführt, dass die Chiemgauer Alpen eine beliebte Ausflugsregion geworden sind.

Trotz ihrer Beliebtheit hat sich die Landschaft ihren natürlichen Charakter bewahrt, und viele Tier- und Pflanzenarten haben hier Rückzugsgebiete gefunden (Bild: Aussicht von der Kampenwand).

Aurikel an der Kampenwand und Krokusse am Heuberg begeistern vor allem die Pflanzen-freunde unter den Wanderern.

NATIONALPARK BERCHTESGADEN

1978 wurde der Nationalpark Berchtesgaden als erster und einziger hochalpiner National-park in Deutschland mit dem Ziel gegründet, einen Rückzugsraum für die Natur in diesem einsamen Flecken im Südosten Bayerns zu schaffen. Das Herzstück des Parks ist der Kö-nigssee mit den umliegenden Bergen des Ha-gengebirges, des Watzmannstocks, des Hochkalters und der Reiteralpe. Obwohl der Park von über 230 Kilometern Wanderwe-gen erschlossen wird, ist das gesamte Gebiet bis auf die touristischen Hochburgen am Kö-nigssee, St. Bartholomä und dem Jenner eher einsam. So kann man hier ungestört majestätische Adler, Rotwild, Gämsen, Stein-böcke und Murmeltiere beobachten. Auch viele Insekten, Reptilien und Amphibien le-ben im Nationalpark – stellvertretend sei hier die Schwarze Kreuzotter genannt. Seltene Pflanzen wie der Frauenschuh, das Edelweiß und die Zwergprimel kann man hier eben-falls entdecken. Aber nicht nur Flora und Fauna machen die Besonderheit des Natio-nalparks aus, sondern vor allem die vielen interessanten geologischen Phänomene wie der Funtensee, das Wimbachtal oder der Blaueisgletscher. Um seinen Aufenthalt in diesem idyllischen Flecken zu planen, sollte man mit einem Besuch im Nationalparkzent-rum in Schönau beginnen.

Großer und Kleiner Barmstein sind zwei Felsnadeln, die die Grenze zwischen Salzburger Land und Berchtesgadener Land auf malerische wie unauffällige Weise markieren.

Bereits im Jahr 1910 erreichten Naturschützer, dass das Gebiet um den Königssee als »Pflanzenschongebiet« ausgewiesen wurde.

KÖNIGSSEE

Als Berchtesgaden im Jahr 1810 zu Bayern kam, wurde St. Bartholomä im Königssee einer der beliebtesten Aufenthaltsorte der bayerischen Könige.

Der Königssee ist ohne Zweifel einer der schönsten Seen der bayerischen Alpen. Mit seinem tiefen, smaragdgrünen Wasser liegt er wie in einem Fjord eingebettet zwischen den Bergen von Watzmann und Jenner. An der Nordseite befindet sich Schönau, der Hauptort des Sees. Auf dem Gewässer sind nur Elektroboote erlaubt, sodass über dem See eine unvergleichliche Stille liegt, die den Besucher die Hektik des Alltags vergessen lässt. Boote bringen die Gäste das ganze Jahr nach St. Bartholomä mit seiner eindrucksvollen Wallfahrtskapelle und zum Obersee. Der Obersee liegt, von einem Moränenwall getrennt, einen knappen Kilometer südlich des Königssees und ist über einen Wildbach mit ihm verbunden. Bedingt durch die Tiefe des Sees von über 190 Metern, friert er im Winter in der Regel nicht zu. Lediglich der Bootshafen der Gemeinde Königssee trägt im Winter oft eine Eisplatte.

So will es die Legende des Bergs: Es war einmal ein König, dessen Grausamkeit und Gnadenlosigkeit keine Grenzen kannte. Watzmann hieß dieser Wüterich, dem jede Barmherzigkeit fremd war.

HINTERSEE UND HINTERTAL

Nicht umsonst haben seit der Romantik zahllose Maler immer wieder versucht, diese Sinfonie der Landschaft von Farben und warmem Licht in ihren Werken einzufangen.

Das Berchtesgadener Land, Deutschlands südöstlichster Winkel, ist eine Gebirgslandschaft wie aus dem Bilderbuch: gewaltige, schroffe Berge mit kühler, klarer Luft, darunter liebliche Täler mit einsamen Waldgebieten und stillen Seen. Zu den beliebtesten Zielen der Region zählt der idyllische Hinter-

see. Er ist ein kleiner, malerischer See am Fuße des Hochkalters. Entstanden ist der See durch einen Bergsturz aus dem Blaueistal vor etwa 4000 Jahren. Der See ist im Winter bei Wintersportlern zum Eislaufen und Eisstockschießen sehr beliebt. Im Sommer zieht der Zauberwald am Ostufer viele Besucher in sei-

nen Bann. Aus Teilen des Bergsturzes hat sich eine wildromantische Schlucht gebildet, mit großen Felsblöcken, die zum Teil von Pflanzen überwuchert sind. Durch diese Märchenwelt bahnt sich ein Wildbach seinen Weg, der die Romantik der Bilderbuchlandschaft noch steigert.

WATZMANN UND HOCHKALTER

Der Watzmann ist unbestritten der König der Berchtesgadener Alpen. Mit einer Höhe von 2713 Metern und seiner markanten Form thront er über dem Berchtesgadener Land. Die Überschreitung der drei Hauptgipfel – Hocheck, Mittelspitze und Südspitze – gilt als eine der anspruchsvollsten Bergtouren im

bayerischen Alpenraum: Insgesamt 2100 Höhenmeter müssen dazu überwunden werden, und mehrere Stellen verlangen Klettergeschick. Die Ostwand, mit 1800 Metern die höchste durchgehende Felswand der Ostalpen, ist der Traum und gleichzeitig auch oft der Albtraum für viele Alpinisten. Die Durch-

steigung dieser Wand ist technisch nicht sehr kompliziert, aber die Länge der Tour und die schwierige Orientierung machen den Berg zum Schicksalsberg von über 100 Bergsteigern, die seit der Erstbesteigung hier den Tod fanden. Eine artenreiche Flora und Fauna zeichnet das Massiv ebenfalls aus.

ÖSTERREICH

Obwohl nur knapp zwei Prozent der Landesfläche frei von Infrastruktur sind, scheint Österreichs Wildnis schier unendlich. Ob die Tiroler Alpen, die Nördlichen Kalkalpen oder die Steiermark – das Land der Berge und Seen macht seinem Namen alle Ehre. In sieben Nationalparks, sieben UNESCO-Biosphärenparks und insgesamt über 460 Schutzgebieten bewahrt Österreich die Schätze seiner Natur. Ausgedehnte Waldgebiete und Auen, weite Moorlandschaften und natürliche Flussläufe sowie teils rundliche, teils schroffe Bergriesen bilden einen optimalen Lebensraum für eine vielfältige Flora und Fauna, den es zu erhalten gilt.

NATIONALPARK NEUSIEDLER SEE-SEEWINKEL

Der Neusiedler See, zu drei Vierteln zu Österreich gehörig, zu einem Viertel zu Ungarn, lag als Teil der Handelsroute zwischen Adria und Ostsee seit alters im Schnittpunkt der Kulturen. Davon zeugen heute noch archäologische Denkmäler, antike Heiligtümer, Weinberge und Schlösser. Durch Abholzung, Entwässerung, Jagd und Beweidung ist eine Kulturlandschaft geschaffen worden, in der wirtschaftliche Nutzung und Erhaltung natürlicher Lebensräume miteinander in Einklang stehen. Der leicht salzhaltige Steppensee wird rundum von einem stellenweise bis zu drei Kilometer breiten Schilfgürtel und von Salzwiesen umgeben. Er weist eine höchst artenreiche Flora auf. Das trotz seiner geringen Tiefe ungemein fischreiche Gewässer ist ein Lebensraum von seltenen Vogelarten und dient als Rastplatz für zahlreiche Zugvögel.

Kleine Bilder: Uferschnepfe, Graureiher, Rohrdommel (Bildleiste links), Schachbrett, Tagpfauen-auge, Kleiner Kohlweißling (Bildleiste rechts). Große Bilder: Waldohreule (links) und Turmfalke.

Der Neusiedler See ist einer der wenigen europäischen Steppenseen. Seine geringe Tiefe von maximal 1,80 Meter und sein mildes Klima haben zu einer einzigartigen Flora und Fauna geführt.

NATIONALPARK DONAU-AUEN

Die größte erhaltene Flussaue Mitteleuropas reicht vom äußersten Südosten Wiens bis Hainburg an der Grenze zur Slowakei. Unter den zahlreichen Naturbesonderheiten findet sich die Sumpfschildkröte, die auf den Heißländen ihre Eier ablegt. Dieser Sonderstandort aus Geröllablagerungen weist ein trockenwarmes Kleinklima auf. Der Seeadler jagt nach Enten oder erbeutet Fische. Außerdem lebt hier der Mariskensänger aus der Gattung der Rohrsänger. Der Auwald beherbergt unter seinem Laubdach aus Schwarzpappeln und Flatterulmen unter anderen die Pillenbrennnessel, eine besonders hohe und aggressive Repräsentantin der Brennnesselgruppe. Im Flachwasser wurzelt die Wasserfeder, ein Primelgewächs mit doppelt gekämmten Blättern. Im Frühsommer ragen ihre anmutigen weiß-gelben Blütenquirle über die Wasseroberfläche.

Ein Paradies der Artenvielfalt: Fuchs, Kormorane, Biber, Sumpfschildkröte, Grasschlange und Graureiher (im Uhrzeigersinn von links oben) bewohnen die Fluss- und Uferlandschaften.

Bei Sonnenaufgang sind die Böschungen und Schilfflächen entlang der Donau mit Morgentau überzogen (großes Bild). Das sind die Stunden, wenn sich das hier lebende Rotwild zeigt (links).

NATIONALPARK THAYATAL

Im unteren Tal der Thaya ist der ganze Flusslauf natürlich erhalten geblieben. Es handelt sich geomorphologisch um ein Durchbruchstal. Der Fluss hat in Jahrmillionen das uralte Gebirge der Böhmischen Masse abgetragen. Im Wasser leben seltene Fische wie der Schneider mit seiner »genähten« Seitenlinie und kapitale Waller (Welse). Es gibt Vorkommen an Fischottern, an Wasser- und Sumpfspitzmäusen. Am Ufer sonnen sich Würfel-nattern, Schlangen, die tauchen können und kleinen Fischen auflauern. Auf den Wiesen flattert der Schwarze Apollo, ein Tagfalter, der leuchtender gefärbte Verwandte in den Hochalpen hat. Auf den Höhenzügen wächst Blutroter Storchschnabel und am Wegesrand das Weiße Waldvögelein, eine Orchidee. An das uralte, niedriger gewordene Gebirge erinnert auch ein Vorkommen an Alpenveilchen.

Selbst bei klarem Himmel und Sonnenschein steht oft ein feiner Nebel in der Schlucht über dem Fluss. Die Hänge sind dicht, fast lückenlos bewachsen.

Neben dem Fluss Thaya (ganz links) murmeln auch kleinere Bächlein wie der Kajabach (links) durch die Auenlandschaft.

BIOSPHÄRENPARK WIENERWALD

Um ein Haar wäre der Wienerwald, Wiens Grüngürtel, Ende des 19. Jahrhunderts auf Betreiben gewissenloser Holzhändler zur Gänze abgeholzt worden. Doch dank dem energischen Widerstand der Bürger damals präsentieren sich die bewaldeten Täler und Hügelkuppen, die im Westen die Millionenmetropole halbkreisförmig umfassen, überwiegend noch so idyllisch wie zur Zeit des Biedermeier, als die von romantischen Gedanken beseelten Großstädter sie als Naherholungsraum zu entdecken begannen. Zahlreiche kunsthistorische Kostbarkeiten finden sich über den ganzen Wienerwald verstreut. Vor allem aber laden schier endlose, teils Laub- und teils Nadelwälder zum Wandern und Durchatmen ein. So wurde auch 2005 der Biosphärenpark Wienerwald eingerichtet, der vor allem als Landschaftsschutzgebiet dient.

Fleischfarbenes Knabenkraut, Langblättrige Waldvöglein, Mücken-Händelwurz und Bleiches Knabenkraut (von links oben im Uhrzeigersinn) wachsen auf den Waldlichtungen des Wienerwalds.

Eine Schwarzföhre wächst auf dem Peilstein, einem 716 Meter hohen Berg im Wienerwald (links). Die steil abfallenden Felswände der Westseite sind bei Kletterern beliebt.

NATIONALPARK HOHE TAUERN

1800 Quadratkilometer misst die letzte großflächige Naturlandschaft der Ostalpen zwischen dem Wildgerlostal im Westen und dem Lungauer Murwinkel im Osten, die Anfang der 1980er-Jahre nicht zuletzt ihrer einzigartigen Flora und Fauna wegen zum Nationalpark Hohe Tauern erklärt wurde. In seiner »Kernzone« berühren Österreichs höchste Gipfel, über 30 Dreitausender, den Himmel – vergletscherte Eisriesen mit schrof-fen Zacken, gestaffelt bis zum Horizont. Und zwischen steilen Felswänden gischten glasklare Gletscherbäche zu Tal. Die »Außenzone« wurde vom Menschen mitgestaltet: eine naturnahe Komposition aus blühenden Almen, saftigen Bergwiesen und dunklen Schutzwäldern. Die Dörfer draußen in den Haupttälern bilden die »Kulturzone«. Ihre Bewohner setzen längst auf sanften Tourismus.

Kleine Schätze in Österreichs größtem Nationalpark: Hauhechel-Bläuling, Kaisermantel, zwei Hochmoorbläulinge, Roter Apollo und Alpenmatten-Perlmutterfalter (von links oben im Uhrzeigersinn).

Der Gletscherweg Pasterze am Fuße des Großglockners führt an Moränen und Seen vorbei, die das geschmolzene Eis schuf (links). Auch an Wasserfällen wie diesem (großes Bild) kommt man auf dem Weg zum Großglockner vorbei.

GROSSGLOCKNER

3798 Meter hoch ist der Großglockner, Österreichs höchster Berg. Die nach ihm benannte Hochalpenstraße, die von Heiligenblut ins salzburgische Fuscher Tal führt, schraubt sich in 26 Kehren und über 60 Brücken hinweg bis auf 2500 Meter Seehöhe hinauf. Zwei Stichstraßen führen auf die Edelweißspitze (2571 Meter) und zur Kaiser-Franz-Josefs-Höhe (2369 Meter), von wo aus man den besten Blick auf den Großglockner und den rund acht Kilometer langen Pasterze-Gletscher hat. Seit ihrer Eröffnung im Jahr 1935 brachte die Großglockner-Hochalpenstraße mehr als 50 Millionen Reisenden das Faszinosum Hochgebirge näher. Entlang der fast 50 Kilometer langen, je nach Schneelage von Ende April bis Anfang November offenen und mautpflichtigen Strecke laden Museen, Lehrpfade und markierte Aussichtspunkte zum Zwischenstopp ein.

Die gigantische Berglandschaft um den Großglockner bietet zahlreiche Bergtouren, allen voran die »Glocknerrunde«, die Ausblicke auf den Pasterzegletscher bietet.

Österreichs längster Gletscher ist die Pasterze, die sich acht Kilometer vom Johannisberg aus (3453 Meter) hinabzieht.

KRIMMLER WASSERFÄLLE, UMBALFÄLLE, JUNGFERNSPRUNG

Gleich drei spektakuläre Wasserfälle befinden sich im Nationalpark Hohe Tauern. Die Krimmler Wasserfälle entspringen im Gletscherbach Krimmler Ache und sind die größten in ganz Europa! 380 Meter tief stürzen ihre gigantischen Wassermassen hinab. Von Heiligenblut in Kärnten aus gelangt man auf einem Wanderweg zum höchsten Wasserfall des Mölltals. Der Legende nach soll eine Jungfrau vor dem Teufel geflohen sein, und als sie plötzlich vor einer steilen Felswand stand, blieb ihr nichts anderes übrig, als zu springen: Doch dann trugen sie Engel auf die andere Seite. Heute stürzt an dieser Stelle der Zopenitzenbach 130 Meter tief als »Jungfernsprung« den Felsen hinab. Am Ende des Osttiroler Virgentals ergießen sich stufenförmig die Umbalfälle. Die immense Kraft des Wassers wird hier anhand des tief ausgewaschenen Flussbetts sichtbar.

Die Krimmler Wasserfälle (links) sind mit ihren 380 Metern Fallhöhe die größten Europas. Daneben sieht der Jungfernsprung (rechts) mit 130 Metern Höhe recht klein aus.

Das Umbaltal durchziehen kleinere Gebirgsbäche (links); bekannt sind vor allem die seit 1991 zum Naturdenkmal erklärten, sich wellenförmig ergießenden Umbalfälle (ganz links).

GROSSVENEDIGER

Eis- und schneebedeckt liegen die Berge der Venedigergruppe vor dem beherzten Gipfelstürmer. Unzählige Gebirgskämme wie der Panargenkamm oder der Wallhornkamm durchziehen sie, Dreitausender mit klingenden Namen wie »Kuhhaut«, »Rauhkopf« oder »Kleiner Hexentopf« prägen die Gipfelsilhouette der Venedigergruppe. Der höchste Gipfel ist der Großvenediger, 3657 Meter hoch steht er an der Grenze zwischen Osttirol und Salzburger Land. »Weltalte Majestät« nannte ihn einer seiner frühen Ersteiger, Ignaz von Kürsinger. Seine vergletscherte Spitze ist im Reigen der Berge nicht zu übersehen. Er gab der Gebirgsgruppe auch ihren Namen, der sich angeblich von fremden Mineraliensuchern aus der Lagunenstadt, den »Venedigern«, herleitet. Das einzige ständig bewohnte Tal der Venedigergruppe ist das Virgental, das an den Umbalfällen endet.

OBERSULZBACHTAL

Etwa 13 Kilometer lang ist das rechte Seitental des oberen Salzachtals im Nationalpark Hohe Tauern. Der Obersulzbach ergießt sich hier in mehreren Wasserfällen, unter anderem im Gamseckfall bei der Berndlalm und im nahe gelegenen Seebachfall. Das Obersulzbachtal ist vor allem durch Gletscher geprägt. Spannend erklärt ein Gletscherweg auf 20 Stationen die Geschichte und Entwicklung des Tals. Die drei- bis vierstündige Wanderung bietet noch dazu einen tollen Blick auf die Westflanke des Großvenedigers (auch Großer Geiger genannt). Dieser 3360 Meter hohe Berg ist aufgrund seiner Pyramidenform und seiner mächtigen Nordwestwand eine Landmarke. Wanderer und Kletterer unternehmen gern Anstiege und Hochtouren. Auf dem Weg kommen sie an den Gletschern der Venedigergruppe vorbei; ein Highlight ist das vier Kilometer lange Obersulzbachkees.

Alpensteinböcke bevölkern die Venedigergruppe bis zu einer Höhe von 3500 Metern (unten). Linke Seite: die vergletscherte Spitze des Großvenedigers.

Im Gebiet des Großvenedigers befinden sich neun Gletscher, der größte ist das Obersulzbachkees (unten). Auf einem Lehrweg werden die Entwicklung und der Rückzug des Gletschers erklärt.

NATURPARK RIEDINGTAL

Der Naturpark Riedingtal liegt im Bundesland Salzburg am Südrand der Niederen Tauern. Der Schlierersee und die Riedingspitze sind seine vielleicht bekanntesten Naturdenkmäler. Grüne Almen und saftige Wiesen sowie steile Hänge mit Bergwald prägen die Landschaft; höhere Lagen weisen teils bizarre Felsformen auf. Im Riedingtal gedeihen zahlreiche Pflanzenarten, die anderswo bereits als gefährdet eingestuft sind, darunter

verschiedene Heilkräuter. Außerdem ist das Schutzgebiet Lebensraum des Steinadlers, weiterer Greifvögel und über 300 Schmetterlingsarten. Für Besucher sind ein Naturparkzentrum, eine Aussichtsplattform an der Brünnwandquelle und ein Themenweg am Schlierersee eingerichtet. Wanderer können den Tauernweitwanderweg oder Themenwege gehen, auch Radler und Mountainbiker finden ein gutes Wegenetz vor.

BIOSPHÄRENPARK SALZBURGER LUNGAU UND KÄRNTNER NOCKBERGE

Dies ist der jüngste UNESCO-Biosphärenpark des Landes. 2012 wurden »Salzburger Lungau und Kärntner Nockberge«, die sich über zwei Bundesländer ausdehnen, zu einem Schutzgebiet zusammengefasst. Beide Regionen lebten über Generationen hinweg vom Bergbau. Heute zählt der Tourismus zu den großen Einnahmequellen. In den Zentralalpen einmalig ist der Naturraum der Nockberge. Zu ihrer Artenvielfalt zählen die Zirbe und der Speik; Schneeadler, Alpensalamander und Murmeltiere fühlen sich hier genauso wohl wie heimische Fisch- und Vogelarten. Im Lungau, einem Tal im Südosten Salzburgs, leben bereits seit der jüngeren Steinzeit Menschen. Über 60 Bergseen, zahlreiche Almwiesen und Moore machen dieses Gebiet besonders. Noch dazu verfügt der Lungau über authentisches Brauchtum, das nach wie vor gepflegt wird.

Kleine Bilder: Heidelbeeren, Rostblättrige Alpenrose und Preiselbeere (links) wachsen dort, wo auch die Alpine Gebirgsschrecke (rechts) lebt. Großes Bild: Blick auf den Schwarzsee.

Grüne Wiesen, dichte Wälder und viele klare Bergbäche, Seen und Tümpel findet man im Nationalpark Nockberge (links) vor.

KARWENDELGEBIRGE

Das Karwendel ist eine der ursprünglichsten Gebirgsgruppen der Nördlichen Kalkalpen. Begrenzt wird es vom Inntal im Süden, vom Achensee im Osten und von der Isar mit dem Sylvensteinstausee im Norden. Nur ein kleiner Teil des Gebirges liegt in Bayern, der weitaus größere liegt im österreichischen Tirol. Das Karwendel umfasst vier große, von West nach Ost verlaufende Gebirgsketten, zwischen denen tief eingeschnittene Täler liegen. Die meisten Gipfel sind sehr abgelegen. Um die Birkkarspitze – mit 2749 Metern der höchste Berg des Karwendels – zu erreichen, muss man zu Fuß oder mit dem Mountainbike 18 Kilometer zurücklegen. Im Karwendel haben sehr viele Tiere und Pflanzen einen Rückzugsraum gefunden. Fast die gesamte Gebirgsgruppe steht unter Naturschutz und ist damit das größte Schutzgebiet Österreichs.

Im Rißtal erwartet den Besucher einer der faszinierendsten Naturräume der Alpen. Tausende bis zu 600 Jahre alte, knorrige Bergahornbäume wachsen verstreut auf dem weiten Talgrund.

Im Frühling sind die Wiesen des Karwendels mit Krokussen übersät. Im Hintergrund imponiert die mächtige Westliche Karwendelspitze.

NATURPARK ZILLERTALER ALPEN

Dass die Quelltäler der Ziller »Gründe« heißen, ist kein Zufall: Extrem steile Hänge flankieren die schmalen, tiefen Talgründe, die alle zum Alpenhauptkamm hin ansteigen. Den bildet eine Kette von markanten Dreitausendern, deren Gletscherkleid allerdings durch den Klimawandel sehr gelitten hat. So führt der Normalweg auf den Hochfeiler (3509 Meter), immerhin der höchste Zillertaler, heute weitgehend über Geröll: kein Eis weit und breit! Nicht nur auf den Gipfeln, auch unten im Zillertal, hat der Zeiten Lauf seine Spuren hinterlassen. Zwar dampft die Schmalspurbahn von 1899 fast wie anno dazumal nach Mayrhofen, doch in den Dörfern links und rechts erinnert nur noch wenig an die bäuerliche Vergangenheit. Um die alpine Natur vor weiteren Eingriffen zu schützen, wurden 422 Quadratkilometer Hochgebirge zum Naturpark Zillertaler Alpen erklärt.

NATURPARK TIROLER LECH

Auf über 65 Kilometern durchströmt der Lech Tirol, bevor er in Bayern in die Donau mündet. Kleinere Flüsse münden aus Tälern wie dem Hornbach-, dem Namloser- oder dem Kaiserbachtal in das Gewässer. Zwischen Steeg und Forach wird der Lech sogar zu einem veritablen Wildfluss; wo er ruhiger fließt, umspült er lieblichen Auwald und kultiviertes Grünland oder befeuchtet kleine Moore. Das Lechtal ist somit ein einzigartiger Naturraum. In den 1990er-Jahren sollte das Tal deswegen sogar zum Nationalpark werden, allerdings blieb es dann bei einem Naturschutzgebiet, das heute den Namen Naturpark Tiroler Lech trägt. Wer das Tal in seiner ganzen Schönheit genießen will, der sollte es unbedingt erwandern. Der Fernwanderweg Lechweg führt über 120 Kilometer in mehreren Tagesetappen vom Formarinsee über den Naturpark bis hin zum imposanten Lechfall im Allgäu.

Links: Blick von einem kleinen Bergsee zum Zillertaler Hauptkamm. Unten: Schafe im Hochgebirge vor Rotkopf (2819 Meter) und Plattenkopf (2899 Meter).

Von der 2376 Meter hohen Knittelkarspitze in den Lechtaler Alpen bietet sich ein herrliches Panorama vom Lechtal (links). Unten: Schafherde in den Lechtaler Alpen.

NATURPARK KAUNERGRAT

600 Quadratkilometer Fläche deckt der Naturpark ab. Er erstreckt sich vom Oberen Inn bis in die Ötztaler Alpen. 84 Dreitausender bewachen ihn, 1000 Schmetterlingsarten und über 1000 Steinböcke bewohnen ihn. 200 000 Besucher kommen jährlich und erkunden die sechs Themenwege. Beeindruckende Zahlen sind es, die der 2003 gegründete Naturpark vorzuweisen hat. Er möchte nicht nur die Alpenflora und -fauna bewahren, sondern auch die Kulturlandschaft Tirols schützen. So finden sich 47 Almen auf seinem Gebiet, viele der Bauernhöfe haben auf ökologische Landwirtschaft umgestellt. Die Besonderheit des Naturparks besteht darin, dass er alle alpinen Höhenlagen vereint. So leben hier Rothirsche, Wildbienen, Steinadler und Murmeltiere. Im architektonisch gelungenen Naturparkhaus kann man den Naturraum multimedial ganz nah bis in die oberste Höhenlage verfolgen.

Die hochalpine Flora und Fauna sind das Highlight des Naturparks im Kaunertal, hier wachsen unter anderem Rostblättrige Alpenrose und Gelbe Alpen-Kuhschellen (kleine Bilder).

Gut ausgebaute Routen führen durch Täler und Berge. Wer etwas lernen möchte, der erläuft sich die Themenwege, von denen einer sogar bis in ein Hochmoor führt.

ÖTZTAL

Das 65 Kilometer lange Tal sollten Tirol-Urlauber nicht verpassen. Nicht nur wegen des international renommierten Skigebiets bei Sölden lohnt es einen Besuch. Im Naturpark Ötztal, der sich über 510 Quadratkilo-

meter erstreckt, lernt man die alpine Pflanzenwelt besonders gut kennen. In Oetz führt die Acherkogelbahn zur herrlichen Almregion Hochoetz. Hier sollte man es aber nicht bei einem Besuch des Panorama-

Beim Aufstieg zur Kreuzspitze von der Martin-Busch-Hütte kommt man an Bauchläufen und am Samoarsee vorbei (großes Bild). Kleine Bilder: Geislacher See, Wanderweg am Rettenbachferner, Ötztal.

restaurants belassen, sondern diese herrliche Gegend auch tüchtig erwandern. Der wärmste See Tirols, der Piburger See, erreicht im Sommer Temperaturen von bis zu 23 Grad Celsius. Nahe Umhausen stürzt sich der Stuibenfall in die Tiefe. Mit 159 Metern ist er der höchste seiner Art in Tirol. Der gut ausgebaute Wanderweg um den Wasserfall schließt fünf Aussichtsplattformen und eine Hängebrücke ein.

BIOSPHÄRENPARK GURGLER KAMM

Der Gurgler Kamm in den Ötztaler Alpen trennt Österreich von Italien. Hohe Wilde (3480 Meter), Hintere Seelenkogel (3470 Meter) und Liebenerspitze (3399 Meter) sind seine höchsten Gipfel. Das im Jahr 1977 von der UNESCO zum Naturschutzgebiet ernannte, 1500 Hektar große Areal weist eine besondere Flora und Fauna auf. Mischwald aus Zirbelkiefern, Europäischen Lärchen und Grün-Erlen sowie Zwergstrauchvegetation mit Rhododendren, Heidelbeeren und Gämsheide wechseln sich mit alpinem Grasland ab. Zur Tierwelt zählen Gämsen und Murmeltiere, Steinwild, Auerhühner und Matterhornbärenspinner. Verschiedene Themenwege klären Wanderer über die erste Besiedlung, über Sagen und Bräuche sowie Flora und Fauna des Gurgler Kamms auf. Auch der Obergurgler Zirbenwald mit seinem Naturlehrpfad zieht viele Besucher an.

Im von der UNESCO als Biosphärenreservat geschützten Gurgler Kamm fühlen sich Tiroler Haflinger wohl (großes Bild). Kleine Bilder links: Talschluss des Rotmoostals und Alpenwiese.

Liebenerspitze, Rotmooskogel und Seelenkogel bilden ein herrliches Alpenpanorama (links).

OBERGURGLER ZIRBENWALD

Auf Höhen von 1950 bis 2100 Metern werden etwa 20 Hektar Zirbenbestand des
Obergurgler Landschaftsraums geschützt.
Zirbelkiefern – die »Königinnen der Baum-
grenzen« – wachsen hier umgeben von Glet-

schern. Die Bäume sind zum Teil über 300
Jahre alt. Aufgrund dieser Besonderheit wurde das Areal im Jahr 1963 zum Naturdenkmal ernannt. Zur Vermehrung und Erhaltung
dieses einzigartigen Baumbestands trägt ein

Zirben wie hier in Obergurgl wachsen im Hochgebirge. Ihr Holz zeichnet sich durch einen angenehmen Geruch aus. Die Bäume überstehen sogar Minusgrade von bis zu 40 Grad Celsius.

Vogel wesentlich bei: Der Tannenhäher frisst vorwiegend Nüsse und Samen der Zirbelkiefer. Besucher können auf einem etwa vier Kilometer langen Erlebnisweg durch den Zirbenwald spazieren, Schautafeln vermitteln dabei Interessantes über den Naturraum. Ein lohnender Abstecher führt am Rand der Schlucht der Gurgler Ache das Hochmoor entlang in Richtung Schönwies-Hütte zum Rotmooswasserfall.

BIOSPHÄRENPARK GROSSES WALSERTAL

Bei Wanderungen in den österreichischen Bergen, besonders an sonnigen Südhängen, begegnet man des Öfteren den kessen Alpen-Murmeltieren.

Einen sympathischeren Hochgebirgsbewohner als das Murmeltier wird man in den Alpen wohl kaum finden. Die putzigen Erdhörnchen sind frech und flink, leben in großen Kolonien auf sonnigen Almen und Gebirgsweiden zusammen, begrüßen und erkennen sich, indem sie ihre Nasen aneinanderreiben oder ihre Köpfe zusammenstecken, und verständigen sich mit lauten Pfiffen. Im Winter aber sind sie wie vom Erdboden verschluckt, weil sie sich dann einem ausgedehnten Schlaf hingeben. Bis zu neun Monate kann ihre Ruhepause dauern, die eine biologische Wunderleistung ist. Die Murmeltiere verkleinern Darm und Magen dramatisch, senken die Atmung auf zwei Züge und den Herzrhythmus auf zwanzig Schläge pro Minute herab, und verbrauchen dadurch nur ein Zehntel der üblichen Energie. So können sie mit einem guten Kilogramm Fettreserven überleben.

Kochscher Enzian, Narzissen-Windröschen und Bewimperte Alpenrose (kleine Bilder unten) wachsen auf den Wiesen und an den Wegrändern des Großen Walsertals.

Im Winter ein familienfreundliches Skigebiet, im Sommer ein einzigartiges Wander- und Mountainbikeparadies – das Große Walsertal mit seinen sanften grünen Bergen und tiefen Schluchten, plätschernden Bächen und tosenden Wasserfällen bietet Naturliebhabern und Outdoorfans 132 Pistenkilometer und 230 Kilometer beschilderte Wanderwege und Lehrpfade. Im Jahr 2000 ernannte es die UNESCO aufgrund seiner vorbildlichen Verbindung von Siedlungs- und Naturraum als Ganzes zum Biosphärenpark. Flora und Fauna des Großen Walsertals sind äußerst artenreich: Heilkräuter wie Arnika oder das seltene Kohlröschen, eine Orchideenart, gedeihen hier. Murmeltiere schlüpfen im Sommer auf den Almen aus ihren Bauten und die mächtige Rote Wand (2704 Meter) in den im Süden gelegenen Kalkhochalpen bietet Gams- und Steinwild einen geeigneten Lebensraum.

NATIONALPARK KALKALPEN

Kein Element hat diesen Nationalpark so geprägt wie das Wasser. In der Urzeit waren die Berge Lebensraum von Korallen, deren Spuren sich noch heute im Kalkgestein finden. Inzwischen haben sich die einstigen Korallenbänke zu Bergen erhoben und bilden die erste natürliche Barriere für Nordwest-Wolken des Alpenmassivs. Diese vielen Regenfälle haben in das leichte Gestein Löcher und Höhlen gefräst, sodass es fast wie ein Käse durchbohrt erscheint. Fällt Regen, füllen sich diese Röhren und bringen Einzigartiges zum Vorschein, Wasserfälle tauchen aus dem Nichts auf, Quellen beginnen zu sprudeln. Was für Wanderer ohne kundigen Führer gefährlich werden kann, hat sich als perfekter Lebensraum für Tiere bewiesen: Der blinde Höhlenlaufkäfer, den es nur in dieser Region gibt, fühlt sich hier ebenso wohl wie der Luchs oder der Weißrückenspecht.

Durch das Nationalparkgebiet fließt die Krumme Steyrling (großes Bild), die nach 28 Kilometern in der Steyr mündet. Große Klause und Schleierfälle (links und rechts) sind Wanderziele der Region.

Gemeine Stockschwämmchen (ganz links) wachsen im Unterholz ebenso wie der Petergstamm (links).

DACHSTEINMASSIV

Der Hohe Dachstein (2995 Meter) gehört zu den großen Bergen der Nördlichen Kalkalpen. Seine gewaltige Südwand, die über der grünen Ramsau in den Himmel ragt und 1909 erstmals durchstiegen wurde, ist ein alpines Schaustück par excellence; die Nordabdachung weist eine beachtliche Vergletscherung auf. Über das Eis kamen die ersten Alpinisten, darunter auch ein Herr von fürstlichem Geblüt: Erzherzog Karl, der als Sieger

Die Aussicht auf die Gipfel des Dachsteinmassivs ist atemberaubend. Touristisch erschlossen wurde das Gebiet bereits in der ersten Hälfte des 19. Jahrhunderts.

ÖSTERREICH · OBERÖSTERREICH/STEIERMARK I 333

von Aspern über Napoleon (1809) in die Geschichte einging. Am Dachstein scheiterte er allerdings. Besser machte es rund 20 Jahre später der Einheimische Peter Gappmayer; er erreichte über den Westgrat den Gipfel des »Fast-Dreitausenders«. Typisch für das Dachsteinmassiv sind die ausgedehnten Karstregionen; noch stärker ausgeprägt ist dieser Landschaftstypus in dem benachbarten Toten Gebirge: eine steinerne Wüste.

GOSAUSEEN

Ein Kleinod im Salzkammergut: Die eisigen Gipfel des Hohen Dachstein spiegeln sich im glasklaren Wasser des Vorderen Gosausees. Bereits der Naturforscher Alexander von Humboldt schwärmte von der Schönheit dieses Anblicks. Der Vordere Gosausee geht auf die Eiszeit zurück und wird noch heute von unterirdischen Quellen gespeist. Eine Wanderung um den See herum offenbart herrliche Aussichten auf das Dachsteingebirge und die felsigen Waldhänge. Der Hintere Gosausee ist ein Karstsee, der wie der Vordere aus Gletscherwasser gespeist wird. Die kleine, zwischen den Seen liegende Gosaulacke trägt nur bei Schneeschmelze oder nach schwerem Regen Wasser; dann fließt sie in den Vorderen Gosausee. Die beiden natürlichen, nahe beieinanderliegenden Seen sind ein Dorado für Outdoorfans: Hier lässt es sich ausgiebig wandern und klettern, aber auch tauchen und baden.

DACHSTEINHÖHLEN

Eine Wunderwelt aus Eis und Fels liegt im Massiv des Dachsteingebirges oberhalb von Obertraun vergraben: die Rieseneishöhle, die auf einer Länge von etwa zwei Kilometern knapp 13 000 Kubikmeter Eis enthält. Gespeist wird das Höhlensystem, das man offiziell im Jahr 1910 entdeckte und seither erforscht, vom Sickerwasser des Dachsteinplateaus. Dringt bei Temperaturen über dem Gefrierpunkt von außen Wasser ein, erstarrt dieses in der Kaltluft der Höhle zu bizarren Eisskulpturen. Bei all der Pracht aus Eisvorhängen, -bergen, -nadeln und zugefrorenen Seen ist es kein Wunder, dass die einzelnen Abschnitte und Höhlengänge mystische Namen tragen: Sie sind allesamt nach Helden und Orten der britischen Artussage benannt. Auch die weiteren Höhlen wie die Mammuthöhle, die größte Europas, oder die Koppenbrüllerhöhle, die jüngste im Dachstein, lohnen einen Abstecher.

Ein traumhaftes Motiv: Im Vorderen Gosausee spiegelt sich der Gipfel des Hohen Dachstein – eines der schönsten Naturschauspiele im Salzkammergut (unten).

Das Dachsteingebirge ist auch unterirdisch faszinierend. Riesige Eisskulpturen sind in den Höhlen zu finden. Aufwendig beleuchtet, versetzen sie jeden Betrachter ins Staunen.

NATIONALPARK GESÄUSE

Wasser ist stärker als Stein und gewinnt immer den Kampf dieser beiden Elemente. Doch leicht gibt sich der Stein nicht geschlagen – zum Glück, denn so kann man im Nationalpark Gesäuse in der Steiermark ganz wunderbar das Ringen um die Vorherrschaft erleben. Die Enns hat sich hier beharrlich in den Kalk und Dolomit der Ennstaler Alpen gegraben und ein Flusstal, tief wie eine Schlucht, geschaffen. Doch die Berge links

Wild rauscht die Enns durch ihr Flussbett der rund geschliffenen Steine (großes Bild). An den Fels-
spalten gedeihen Teufelskralle, Hauswurz, Moos- und Bach-Steinbrech (kleine Bilder, von oben).

und rechts geben nicht klein bei und ragen weiterhin stolz in den Himmel. So kann man überwältigende Kontraste auf kleinstem Raum erleben, den permanenten Wechsel aus Höhe und Tiefe, Schroffheit und Idyll,

Kahlheit und Farbenpracht. Die Wälder im Nationalpark Gesäuse zeichnen sich durch ihre Vielfältigkeit aus. Die großen Höhen-unterschiede und die Steilheit des Geländes haben vielerorts die Natürlichkeit erhalten.

Atemberaubende Gletscher- und Gebirgswelten mit schwindelerregenden Drei- und Viertausendern, tiefe Canyons, kristallklare Bergseen, sattgrüne Weiden und dazwischen urige Bergdörfer und schmucke Kleinstädte – mit einem Nationalpark, zwei Biosphärenreservaten und nahezu 20 Regionalen Naturparks bzw. Naturerlebnisparks besitzt die Schweiz eine Fülle an schützenswerten Landschafts- und Kulturräumen. Zu den bekanntesten zählen sicherlich das Matterhorn, der Aletschgletscher, das Juragebirge, die Rheinschlucht und der Creux du Van. Die dort ansässigen Menschen gestalten seit jeher diese wertvollen Naturräume mit.

REGIONALER NATURPARK THAL

Mitten in den Gebirgszügen des Solothurner Jura liegt der im Jahr 2009 gegründete Regionale Naturpark Thal. In der sanften Juralandschaft mit ihren sattgrünen Hügeln, Klusen (Quertäler im Jura) und verschiedenen Waldformen wird bis heute Landwirtschaft betrieben, vor allem Weidewirtschaft und Ackerbau. Während sich in den Wäldern seltene Vogelarten wie der Uhu und die Waldschnepfe aufhalten, fühlen sich Auerhuhn und Heidelerche sowie Greifvögel auf den Wiesen und Höhenzügen wohl. Weitere Tiere wie Fledermäuse, Rehe, Gämsen, Luchse, Wildschweine und Rothirsche haben hier einen Rückzugsraum gefunden. Themenwege wie der »Poesieweg Holderbank« oder der »Erlebnisweg Holzweg Thal« bringen den Besuchern auf anschauliche Weise Kultur und Natur nahe.

UNESCO BIOSPHÄRE ENTLEBUCH

Seit dem Jahr 2001 ist die Region Entlebuch das zweite UNESCO-Biosphärenreservat des Landes, neben dem Schweizerischen Nationalpark (1979). Auf 397 Quadratkilometern Fläche weist das Tal vor allem Hoch- und Flachmoore sowie Karstgebiete auf. Die Moore sind Lebensraum vieler gefährdeter Tiere und Pflanzen. Die besondere Landschaft des Schrattenfluh ist der Faltung des Voralpenmassivs vor Jahrmillionen zu verdanken; der Schrattenkalk stammt aus der frühen Kreidezeit, wurde dann im Laufe der Entwicklung ausgewaschen und zeigt heute bizarre Rinnen und Risse, die diese Landschaft so besonders machen. Die Moore und das Kalkgestein des Schrattenfluh mit ihren nass-sauren bzw. trocken-basischen Eigenschaften ermöglichen das Zusammenleben verschiedenster Arten auf engem Raum.

Der Herbst im Regionalen Naturpark Thal (beide Abbildungen) verspricht eine farbenfrohe Landschaft. Zum Wandern eignen sich die sanften Jurahöhen gut.

Oberhalb der Baumgrenze wachsen Orchideen, Knabenkraut, Stendelwurz, Feuerlilien oder Tür-
kenbundlilien. Außerdem zählt das Gebiet über 250 Höhlen und viele Wasserfälle (unten).

REGIONALER NATURPARK DOUBS

Benannt ist dieses Schutzgebiet nach dem Jurafluss Doubs, der den Nordwesten der Schweiz von Frankreich trennt. Die Doubs, die sich ihren Weg von Les Brenets in Neuenburg nach St-Ursanne im Kanton Jura bahnt, zeigt sich mal als rauschend wilder Strom, mal als ruhiges Flüsschen, und prägt die Landschaft des Naturparks. Auf etwa 300 Quadratkilometern Parkfläche wechseln sich trockene und feuchte Gebiete, Wälder und Wytweiden, sonnige Hochebenen und tiefe Schluchten ab, was einen großen Artenreichtum und eine einzigartige Kulturlandschaft hervorbrachte. Die Bewohner leben seit jeher von Landwirtschaft, Vieh- und Pferdezucht. Das Schutzgebiet erstreckt sich über drei Kantone und 16 Gemeinden. Neben sanftem Tourismus ziehen vor allem La Chaux-de-Fonds, Le Locle und St-Ursanne aufgrund ihres reichen Kulturangebots viele Besucher an.

REGIONALER NATURPARK CHASSERAL

Zwischen Neuenburg, La Chaux-de-Fonds und Biel/Bienne ragt der Gipfel des Chasseral (1606 Meter) aus dem Berner Jura und bildet das Zentrum des nach ihm benannten Regionalparks. Die 120 Meter hohe Antenne der Telekommunikationsstation ist ebenfalls ein Referenzpunkt des Parks. Wytweiden, Wälder, Weinberge, Seen und Moore breiten sich rundherum auf 387 Quadratkilometern aus. Dort gedeihen Enziane, Orchideen, Anemonen sowie uralte Ahornbäume. Gämsen, Luchse, Auerhühner, Falter, Vipern und Eidechsen bevölkern den Naturraum. Auch die regionalen Traditionen werden hochgehalten: Auf den Métairies (Berggasthöfen) wird traditionell Käse hergestellt, an den Ufern des Bielersees Wein kultiviert. Ein gut ausgebautes Netz an Wander-, Reit- und Mountainbikewegen sowie Themenpfaden macht den Besuch des Regionalparks zu einem besonderen Erlebnis.

Der Saut de Doubs stürzt sich zwischen den Seen Brenets und Moron 27 Meter in die Tiefe (unten). Linke Seite: Der Doubs ist der Hauptzufluss des Lac des Brenets; eine Libellenart.

Die Aussicht vom Chasseral ist gigantisch (unten und linke Seite). Im gleichnamigen Regionalpark wachsen Immergrüne Felsenblümchen auf dem Kalkstein (linke Seite).

REGIONALER NATURPARK GANTRISCH

Die Städte Bern, Thun und Freiburg grenzen den 400 Quadratkilometer großen, seit 2012 bestehenden Naturpark ein. Die Nähe zu den Ortschaften macht es möglich, binnen kurzer Zeit mitten in der Natur zu sein. In den Sommermonaten locken Themenwanderwege und Radtouren, ein Seilpark und ein Klettersteig die Menschen in die Natur, im Winter ist Gantrisch ein Wintersportparadies. Kunsthistorisch-kulturell interessant sind die Abegg-Stiftung in Riggisberg, die Klosterruine von Rüeggisberg und das Vrenelimuseum in Guggisberg. Der Naturpark ist Heimat zahlreicher Tier- und Pflanzenarten, darunter einiger stark gefährdeter. Gletscher formten in der letzten Eiszeit den Breccaschlund, eine mystisch anmutende Karstebene in der Nähe des Schwarzsees im Süden des Parks. Die markante Gantrischkette bildet den südöstlichen Rahmen des Schutzgebiets.

Hinterhalb der Krokuswiese beim Gurnigelpass offenbart sich das spektakuläre Panorama der Berner Alpen. Geübte Wanderer gehen vom Gurnigel über den Leiterenpass zum Gantrisch.

Unterhalb des Gipfels des Gantrischs liegt auf 1578 Metern der gleichnamige kleine Bergsee (links). Dieser kann nur zu Fuß erreicht werden. Die Aussicht vom Gurnigel (ganz links) auf die umliegende Hügelkette ist malerisch.

CREUX DU VAN

Auf einer Strecke von vier Kilometern bilden 160 Meter hohe, fast senkrecht abfallende Felswände ein beeindruckendes Naturspektakel. Der Creux du Van wurde vor 200 Millionen Jahren durch Erosion geformt. Alpine Flora und Wildtiere wie Gämse oder Steinböcke finden in der Naturlandschaft einen geschützten Lebensraum. Wer die Schlucht hautnah erleben will, sollte schwindelfrei sein, denn am oberen Rand des Talkessels erlaubt eine zwei Kilometer lange Trockensteinmauer eine Wanderung einmal um das gewaltige, von der Natur geschaffene Amphitheater herum. Wem von der Wanderung unwohl geworden ist, dem wird der hier produzierte Absinth guttun. Sehenswert sind außerdem die Asphaltminen, die seit dem 18. Jahrhundert zu einem riesigen Stollensystem gehörten; ein Teil der stillgelegten Minen kann heute besichtigt werden.

Ein schmaler Wanderweg führt an der Felswand entlang (unten). Für den Nervenkitzel entschädigt die packende Aussicht auf den Felsenkessel (unten und links).

Der Blick auf die Felswände des Creux du Van ist schwindelerregend (ganz links). Dem Alpensteinbock (links) scheint die Höhe nichts auszumachen.

REGIONALER NATURPARK JURA VAUDOIS

Am Fuße des Jura, zwischen dem Gipfel des La Dôle und dem Mittelalterstädtchen Romainmôtier, erstreckt sich dieser außergewöhnliche Naturpark, der dank seiner rauen klimatischen Bedingungen, unterschiedlichsten Landschaftsformen und Höhenlagen eine einzigartige Biodiversität aufweist. Enge Waldschluchten, bemooste Hänge, zerklüftete Felsen und üppige Wälder und Weideebenen prägen den Park. Hier finden Outdoorfreunde ein wahres Dorado vor: Mehr als 500 Kilometer Wegnetz stehen Wanderern, Mountainbikern und Schneeschuhläufern zur Verfügung. Die Aussichten auf die Alpen und den Genfersee sind beeindruckend. Auch kulinarisch sticht die Gegend hervor: Gruyère d'alpage oder Vacherin Mont d'Or werden in den fast 20 Alpkäsereien mit AOC-Label hergestellt. Diese können auf diversen Almhütten verkostet werden.

Zur vielfältigen Flora gehören Alpen-Akelei, Strauß-Glockenblume und Echter Seidelbast (kleine Bilder von oben).

Auch der Blick ins Gebüsch und auf den Waldboden lohnt mitunter: Hier tummeln sich Iltisse und Hirschkäfer.

REGIONALER NATURPARK GRUYÈRE PAYS-D'ENHAUT

Der beliebte Hartkäse Greyerzer (oder Gruyère) wurde bereits im 15. Jahrhundert in dieser Gegend hergestellt; zwei weitere, L'Etivaz und Freiburger Vacherin, tragen geschützte Herkunftsbezeichnungen (AOC, Appellation d'Origine Contrôlée). Nicht umsonst liegt im Gruyère Pays-d'Enhaut die Wiege der traditionsreichen Käseproduktion. Alp- und Landwirtschaft werden hier bis heute betrieben. Schmucke Dörfer – acht davon stehen auf der Liste der schützenswerten Ortsbilder der Schweiz – sind in die tiefen Talfurchen, die die Wasserläufe einst schufen, gebaut. Zu Fuß lässt sich diese herrliche voralpine Landschaft mit ihren vielen Naturschätzen am besten erkunden: Sogenannte Käsewege und die Grand Tour des Vanils sind die wohl populärsten Strecken. Der Park bietet zudem ein attraktives Kulturprogramm mit Ausstellungen und Festivals.

Die Gipfel des Dent de Broc und des Dent du Chamois geben eine traumhafte Bergkulisse ab; davor befindet sich das Städtchen Gruyères (großes Bild).

Am Nordufer des riesigen Genfersees gedeihen Narzissen auf einer Wiese (links). Der See ist vor allem wegen seines angenehmen Klimas bei Erholungsuchenden beliebt.

SCHWEIZER ALPEN JUNGFRAU-ALETSCH

Das Herz des steil aufragenden Gebirgsmassivs bilden die Berge Jungfrau, Mönch und Eiger. Bis auf rund 3500 Meter Höhe führt eine Zahnradbahn auf das Jungfraujoch. Sein Wahrzeichen ist die gläserne Kuppel des Observatoriums. Die Nordwand des Eiger (3970 Meter) in den Berner Alpen südwestlich von Grindelwald dagegen muss erklettert werden – seit ihrer Erstbesteigung 1938 ist sie mit 1800 Meter Höhenunterschied die berühmteste Kletterwand der Alpen. Die Region ist mit ihren Schneefeldern auch Nährgebiet des Großen Aletschgletschers. Am Konkordiaplatz beim Jungfraujoch vereinigen sich Aletschfirn, Jungfernfirn und Ewigschneefeldfirn zum mit (noch) 23 Kilometer Länge größten Gletscher Europas. Seit 2001 gehört die Region zum UNESCO-Weltnaturerbe, 2001 wurde das Schutzgebiet erweitert.

Oberhalb von Grindelwald liegt die Abflachung First. Der idyllische Bergsee Bachalpsee bietet die perfekte Spiegelfläche für die majestätischen Berggipfel ringsum.

Jungfrau, Mönch und der Kleine Scheidegg (links) bieten ein herrliches Bergpanorama.

GROSSER ALETSCHGLETSCHER

Europas längste Eiszunge misst knapp 23 Kilometer, im Zuge der fortschreitenden Klimaerwärmung wird der Aletsch jedoch Jahr um Jahr etwa 50 Meter kürzer. Dennoch sprechen die Zahlen für sich: Der Gigant ist 86 Quadratkilometer groß und 27 Milliarden Tonnen schwer, er hat eine 900 Meter dicke Eisdecke am Konkordiaplatz, wo er seinen Anfang nimmt, und eine Fließgeschwindigkeit von 200 Metern pro Jahr. An den Morä-

nenflächen rund um den Eisstrom hat sich eine vielfältige Flora und Fauna angesiedelt. Im Aletschgebiet birgt der Aletschwald unterhalb des Gletschers die ältesten Bäume der Schweiz; dort gedeihen Arven, Fichten und Lärchen. Außerdem leben dort Rothirsch, Gämsen und Steinadler. Wunderbare Aussichten auf den Eisriesen bieten das Bettmerhorn oberhalb der Bettmeralp, das Eggishorn und die vielen Wanderwege.

Wie eine weiße Autobahn zieht sich die Zunge des Aletschgletschers durch die Berglandschaft. Über Jahrtausende hinweg hat sich diese gigantische Arena geformt.

Malerisch spiegeln sich die schneebedeckten Fusshörner (mehr als 3000 Meter) in einem Bergsee nahe dem Aussichtspunkt Hohfluh (links).

GÄMSEN

Ob Gämse, Gams oder – nach alter Rechtschreibung – Gemse: alle drei Begriffe bezeichnen dieselbe Art, Rupicapra rupicapra. Das zu den Ziegenarten zählende Tier lebt vorwiegend in den Hochgebirgslagen des Alpenraums. Es findet zwar auch oberhalb der Baumgrenze genügend Lebensraum und Nahrung, die vor allem aus jungen Trieben besteht, bevorzugt allerdings hohe Berge mit dichten Wäldern, in die es sich zurückziehen kann. In Deutschland hat die Gämse eigentlich keine natürlichen Feinde, Angriffe von Luchsen sind äußerst selten. Am meisten macht ihr der Mensch zu schaffen, Tausende werden jedes Jahr allein in Deutschland gejagt. Dies geht allerdings mit einer stabilen Population einher, die Gämse gilt derzeit nicht als in ihrem Bestand gefährdet. Die Tiere leben – zumindest in den Sommermonaten – in festen Verbänden aus Weibchen und Jungtieren.

ALPENSTEINBÖCKE

In den Alpen leben wieder große Rudel von Steinböcken. Sie waren Mitte des 19. Jahrhunderts verschwunden, wurden aber erneut angesiedelt. Alpensteinböcke wechseln im Jahreslauf kaum in tiefere Lagen. Im Winter suchen sie Südhänge nahe der Baumgrenze auf. Die Steingeiß ist nur wenige Tage brünstig, sie wird dann von einem starken Bock aufgesucht. Anfang Juni kommt ein Kitz zur Welt. Alpensteinböcke sind geschickte Kletterer. Im Schnee hingegen zeigen sie sich unbeholfen und suchen lieber das nackte Gestein auf, wo sie Flechten äsen. Im Sommer tragen sie ein raues, überwiegend fahlgraues Fell; im Winter werden Steinböcke gelblich grau. Die höchstens 35 Zentimeter langen Hörner der Steingeiß ähneln kleinen Sicheln. Die viel größeren Hörner mit den vorstehenden, verdickten Wülsten der Männchen schwingen im einfachen Bogen nach hinten.

Die Herden haben meist zwischen 20 und 30 Mitglieder. Die Böcke sind im Regelfall Einzelgänger und schließen sich immer nur zeitweise einem Verband an.

Tagsüber ruhen Steinböcke gern wiederkäuend unter geschützten Felsüberhängen, in den Nachmittagsstunden ziehen sie äsend talwärts, erreichen die Weidegründe und grasen die Nacht hindurch.

REGIONALER NATURPARK PFYN-FINGES

Diesen Regionalen Naturpark prägen die Superlative und Kontraste: extreme Höhenlagen (4153 Meter) und Tiefland (500 Meter), Gletscher und Weinanbau, karge Felsen und Feuchtgebiete, urige Alphütten und prächtige Schlösser. Das zwölf Gemeinden umfassende Schutzgebiet ist 279 Quadratkilometer groß und besitzt eine enorme Artenvielfalt. Kaum anderswo leben so viele Vogelarten auf so engem Raum. Auch die Flora ist besonders: Der Pfynwald gehört zu den größten zusammenhängenden Föhrenwäldern der Alpen, ist Auenschutz- und Amphibienlaichgebiet. Den spektakulären Illgraben gilt es auf der Bhutanbrücke, einer Hängebrücke, die in 134 Metern Höhe das Unter- mit dem Oberwallis verbindet, von oben zu sehen. Außerdem ist Pfyn-Finges ein bedeutendes Weinanbaugebiet der Schweiz.

REGIONALER NATURPARK BINNTAL

Binn, Ernen und Grengiols waren die drei Gemeinden des Wallis, die 2002 den Landschaftspark Binntal schufen; im Jahr 2011 wurde der Park erweitert und zum ersten Regionalen Naturpark des Kantons ernannt. Ein hohes Mineralvorkommen sowie eine artenreiche Flora und Fauna charakterisieren das Schutzgebiet. Über 270 verschiedene Mineralarten kommen im Binntal vor, darunter Bergkristalle und Rauchquarze. Ein auf dieses Thema spezialisierter Geolehrpfad führt vom Weiler Fäld zur Mineraliengrube Lengenbach. Mehr als 180 der im Binntal vorkommenden Tiere und Pflanzen gelten als gefährdet, so zum Beispiel die Grengjer Tulpe, die Walliser Levkoje, der Frauenschuh, die Alpenakelei oder die Goldprimel. Zu den seltenen Tieren des Parks zählen die Rötliche Bernsteinschnecke und die Wasseramsel.

Der Storchschnabel-Bläuling (kleines Bild links oben) gilt als stark gefährdet. Den Rothirsch (links unten) zeichnet sein großes Geweih aus.

Im Osten des Albrunpasses an der Grenze zu Italien erblickt man das Ofenhorn (3235 Meter). Der frei stehende Gipfel ist das Wahrzeichen des Binntals.

WALLISER ALPEN: MATTERHORN

Was ist über diesen Berg nicht bereits alles geschrieben worden! Mit Superlativen wurde er überhäuft, seine unvergleichliche Gestalt gepriesen; als »Gipfel der Werbung« hat man ihn bezeichnet, weil er für (fast) alles herhalten musste. Das Matterhorn zierte nicht nur Schweizer Joghurtbecher und belgische Bierflaschen – es fand sich auch auf Weinetiketten und japanischen Süßigkeiten, auf einer Zigarettenschachtel aus Jamaika und sogar auf einem Tourneeplakat der Rolling Stones (1976). Ein Berg als Mythos und somit doch sehr viel mehr als nur eine Felspyramide. Das Matterhorn verdankt seine ikonische Form der eiszeitlichen Erosion, zwei verschiedene Schichten Gestein legten sich dabei schräg aufeinander. Seit den Anfängen des europäischen Alpinismus im 19. Jahrhundert gilt die Besteigung dieses Berges als ultimative Herausforderung.

Die Spiegelung des Matterhorns auf dem Stellisee ist wahrlich ein beeindruckendes Naturschauspiel. Besonders, wenn die Sonne das oberste Drittel der Pyramide in ihr helles Licht taucht.

Das 4478 Meter hohe Matterhorn zählt zu den Giganten der Alpen. Der Berg ist das Wahrzeichen der Schweiz.

Das zu zwei Dritteln in Italien und zu einem Drittel in der Schweiz liegende Monte-Rosa-Massiv ist von Gletschern umgeben und zählt gleich mehrere Viertausender. Auf Schweizer Seite ist die Dufourspitze (4634 Meter) der höchste Berg. Die Ostwand des Gebirgsmassivs ist die höchste Steilwand der Alpen, bis heute gilt sie als besondere Herausforderung unter Alpinisten. Die ersten, die den Gipfel erklommen, waren Charles Hudson, John Birbeck und Christopher und James G. Smyth im Jahr 1855. Die Gletscher in der Umgebung bilden die zweitgrößte zusammenhängende Gletscherfläche der Alpen – eine Wildnis aus Eis und Schnee, wie es sie sonst nur im Himalaya gibt! Besonders der Gornergletscher, der zweitgrößte der Schweiz, an der Nordseite des Monte Rosa beeindruckt durch sein grelles Weiß und seine Gletscherseen.

Ein so gewaltiges Hochgebirgspanorama würde man wohl eher im Himalaya als in der Schweiz vermuten. Monte Rosa ist das größte Gebirgsmassiv der Alpen.

Wer beim Wandern genauer hinsieht, entdeckt wahre Schätze am Wegrand; Großblütige Hauswurz (ganz links) und Himmelsherold (links) wachsen in alpinen Lagen.

HINTERRHEINTAL

Die älteste Siedlung in Graubünden nennt sich Hinterrhein und liegt am Fuß des San Bernardino-Passes. Hinterrhein heißt auch der Quellfluss des Rheins, der seinen Ursprung an den Hängen von Rheinwaldhorn, Güferhorn und Rheinquellhorn hat. Dann bahnt er sich seinen Weg durch die drei Geländekammern Rheinwald, Schams und Domleschg/Heinzenberg. Das Hinterrhein-Tal eignet sich hervorragend als Ausgangspunkt für Wanderungen. Der Oberlauf des Flusses ist einer der höchstgelegenen der Alpen, hier finden Kajak- und Raftingfahrer ein Dorado vor: Von Dreitausendern umgeben, geht die abwechslungsreiche Fahrt auf dem Hinterrhein über Kiesbänke, kleinere und größere Stufen durch rasantes Wildwasser; in Splügen befindet sich dann der Ausstieg. Touren auf dem Vorderrhein sowie auf Nebenflüssen sind ebenfalls beliebt.

Entstanden ist die Rheinschlucht durch einen Felssturz im Vorderrheintal, der den Fluss zu einem See anstaute. Dessen Wassermassen hinterließen beim Abfließen tiefe Furchen im Gestein.

Die Schlucht des Vorderrheins erstreckt sich über 13 Kilometer zwischen Ilanz und der Mündung des Hinterrheins bei Reichenau.

NATURPARK BEVERIN

Dies ist die Heimat des Steinbocks. Erhobenen Hauptes stolzieren die »Könige der Alpen« rund um den Piz Beverin (2998 Meter) und regieren über den 412 Quadratkilometer großen Naturpark, nicht umsonst sind sie dessen Wappentier. Aufgrund von Höhendifferenzen von bis zu 2500 Metern haben sich hier unterschiedlichste Landschaftstypen herausgebildet: Moore, Trockenwiesen, Auen und Wälder bieten einer Vielzahl von Pflanzen und Tieren einen geschützten Lebensraum, so beispielsweise den Wiesenbrütern, die in den Heuwiesen von Beverin leben. Die Viamala-, die Roffla- oder die Rheinschlucht sowie das ursprüngliche Safiental sind bei Besuchern beliebt. Die Kulturen der Rätoromanen und Walser prägen die Ortsbilder gleichermaßen und kennzeichnen die kulturelle Vielfalt des Gebiets.

PARC ELA

Knapp die Hälfte der Fläche des grössten Naturparks der Schweiz besteht aus unberührter Wildnis, aus hohen Gipfeln, eisigen Gletschern, ruhigen Seen, saftigen Bergwiesen und einsamen Mooren. Die andere Hälfte wartet mit Kulturgütern ersten Ranges auf: Die Rhätische Bahn (UNESCO-Welterbe) verkehrt in den Tälern und im Hochgebirge des Albulatals und passiert dabei Viadukte und Tunnel; das Landwasser-Viadukt ist das wohl spektakulärste. Der Albulapass lässt sich aber auch hervorragend zu Fuß erwandern. Im Umland der beiden weiteren Pässe Julier und Septimer befinden sich alte Burgruinen und Kirchen. Neun Dörfer im Parc Ela tragen die Bezeichnung »Ortsbilder von nationaler Bedeutung«. Die etwa 5000 Menschen, die dort leben, sprechen Romanisch, Italienisch und Deutsch.

Auf 1959 Meter gelegen, bietet der Pascuminersee (beide Abbildungen) tolle Aussichten auf den Hausberg Piz Beverin und die Bergwelt von Graubünden.

Die hochalpine Moorlandschaft Alp Flix (beide Abbildungen) beheimatet über 2000 Tier- und Pflanzenarten – eine Paradies für Naturbegeisterte!

VAL DI CAMPO

Lichte Wälder, samtige Alpenweiden und viel Abgeschiedenheit und Ruhe – diese Begriffe beschreiben das idyllische Val di Campo treffend. Das Seitental des Puschlav liegt an der Grenze zu Italien und eignet sich hervorragend für Wander- und Hochtouren. Auf nicht allzu anstrengenden Wanderungen erreicht man die beiden malerischen, von Lärchen und Arven eingerahmten Seen Saoseo und Viola. Sie liegen über 2000 Meter über dem Meeresspiegel und setzen mit ihren kristallblauen, glasklaren Wassern willkommene Farbkontraste in die von Grün- und Brauntönen geprägte Landschaft. Vor allem um den Lago di Saoseo ranken sich Sagen, die seine kräftig blaue Farbe zu erklären suchen. Besucher des Val di Campo nutzen außerdem die Gelegenheit, mit der Rhätischen Bahn zu fahren, deren Strecke über den Berninapass oberhalb des Tals verläuft.

Im Saoseo-See spiegeln sich die Berge Scima di Saoseo (3264 Meter), Cima da Rugiul (2987 Meter) und Piz dal Teo (3049 Meter) astrein, so klar ist sein Wasser.

Der kristallklare Saoseo-See liegt malerisch eingebettet in die herbstliche Bergwelt (links).

VAL MORTERATSCH UND BERNINAGRUPPE

An der Grenze zu Italien liegt das höchste Bergmassiv der Ostalpen, die T-förmige Berninagruppe. Es besitzt gleich mehrere Gletscher, unter anderen den Morteratsch- und den Persgletscher. Das durch Gletscher-schwund entstandene Val Morteratsch zieht sich vom Piz Bernina (4049 Meter), dem höchsten Gipfel der Gruppe, bis ins Bernina-Tal. Sommers wie winters ist es ein beliebtes Ausflugsziel. Der Gletscher ist der drittlängs-

Die Berglandschaften des Engadin (links) und des Tals von Morteratsch mit seinen Drei- und Viertausendern (unten) sind beeindruckend.

te der Ostalpen und kann auf einer Wanderung (etwa 40 Minuten) erreicht werden; ein Lehrpfad vermittelt dabei Wissenswertes über dessen Entwicklung. Im Frühjahr eignet er sich sogar zum Wintersport. Aus der gesamten Umgebung sticht der Gipfel des Piz Bernina markant hervor: Er hat eigentlich drei Gipfel, von denen der mittlere der höchste ist. Sein Hauptgipfel liegt gänzlich auf Schweizer Boden.

SCHWEIZERISCHER NATIONALPARK

Der 1914 gegründete und damit älteste Nationalpark der Alpen umfasst 170 Quadratkilometer und liegt im Kanton Graubünden in der östlichsten Ecke der Schweiz. Dass es in einem Land mit derart vielen Naturschönheiten nur einen einzigen Nationalpark gibt, mag auf den ersten Blick überraschen. Nicht aber auf den zweiten, denn die Eidgenossen haben eine radikale Vorstellung von Naturschutz: Sie überlassen ihren Nationalpark völlig sich selbst, damit er eines Tages so aussieht wie die Alpen vor der Besiedelung durch den Menschen. Der Park ist zwar ein beliebtes Wandergebiet, doch darf man dort die markierten Wege nicht verlassen, nicht im Park übernachten und ihn in keiner Weise bewirtschaften. Wie lange es dauern wird, bis das Schutzgebiet wieder so aussieht wie einst die unberührten Alpen, weiß niemand. Aber allein der Weg dahin zählt.

Unzählige Tiere leben im Schweizerischen Nationalpark, darunter Gämsen (großes Bild), Eulen, Iltisse, Murmeltiere, Steinböcke, Äskulapnattern und Eichhörnchen (kleine Bilder rechts).

Ungefähr ab 2300 Metern Höhe beginnt die Baumgrenze, oberhalb wachsen keine Bäume mehr in den Alpen.

NATIONALPARKS IN DEUTSCHLAND

Name	Bundesland	Anschrift	Internet	Größe (in km²)	Gründungsjahr
Bayerischer Wald	Bayern	Nationalparkverwaltung, Freyunger Str. 2, 94481 Grafenau	www.nationalpark-bayerischer-wald.de	242	1970
Berchtesgaden	Bayern	Nationalparkverwaltung, Doktorberg 6, 83471 Berchtesgaden	www.nationalpark-berchtesgaden.bayern.de	208	1978
Eifel	Nordrhein-Westfalen	Nationalparkforstamt Eifel, Urftseestr. 34, 53937 Schleiden-Gemünd	www.nationalpark-eifel.de	109	2004
Hainich	Thüringen	Nationalparkverwaltung, Bei der Marktkirche 9, 99947 Bad Langensalza	www.nationalpark-hainich.de	75	1997
Hamburgisches Wattenmeer	Hamburg	Nationalpark-Verwaltung, Stadthausbrücke 8, 20355 Hamburg	www.nationalpark-wattenmeer.de/hh	138	1990
Harz	Niedersachsen, Sachsen-Anhalt	Nationalparkverwaltung, Lindenallee 35, 38855 Wernigerode	www.nationalpark-harz.de	247	1994
Hunsrück-Hochwald	Rheinland-Pfalz, Saarland	Brückener Straße 24, 55765 Birkenfeld	www.nationalpark-hunsrueck-hochwald.de	102	2015
Jasmund	Mecklenburg-Vorpommern	Nationalparkamt Vorpommern, Stubbenkammer 2a, 18546 Sassnitz	www.nationalpark-jasmund.de	30	1990
Kellerwald-Edersee	Hessen	Laustr. 8, 34537 Bad Wildungen	www.nationalpark-kellerwald-edersee.de	57	2004
Müritz	Mecklenburg-Vorpommern	Nationalparkamt, Schlossplatz 3, 17237 Hohenzieritz	www.mueritz-nationalpark.de	322	1990
Niedersächsisches Wattenmeer	Niedersachsen	Nationalparkverwaltung , Virchowstr. 1, 26382 Wilhelmshaven	www.nationalpark-wattenmeer.de/nds	3450	1986
Sächsische Schweiz	Sachsen	Staatsbetrieb Sachsenforst, Nationalparkverwaltung, An der Elbe 4, 01814 Bad Schandau	www.nationalpark-saechsische-schweiz.de	94	1990
Schleswig-Holsteinisches Wattenmeer	Schleswig-Holstein	Nationalparkverwaltung, Schlossgarten 1, 25832 Tönning	www.nationalpark-wattenmeer.de/sh	4415	1985
Schwarzwald	Baden-Württemberg	Schwarzwaldhochstr. 2, 77889 Seebach	www.schwarzwald-nationalpark.de	101	2014
Unteres Odertal	Brandenburg	Park 2, 16303 Schwedt/Oder	www.nationalpark-unteres-odertal.eu	103	1995
Vorpommersche Boddenlandschaft	Mecklenburg-Vorpommern	Nationalparkamt Vorpommern, Im Forst 5, 18375 Born (Darß)	www.nationalpark-vorpommersche-boddenlandschaft.de	786	1990

BIOSPHÄRENRESERVATE IN DEUTSCHLAND

Name	Bundesland	Anschrift	Internet	Größe (in km²)	UNESCO Anerkennung
Berchtesgadener Land	Bayern	Verwaltungsstelle an der Regierung von Oberbayern, Salzburger Straße 64, 83435 Bad Reichenhall	www.brbgl.de	840	1970
Bliesgau	Saarland	Biosphärenzweckverband Bliesgau, Paradeplatz 4, 66440 Blieskastel	www.biosphaere-bliesgau.eu	362	2009
Flusslandschaft Elbe	Sachsen-Anhalt, Brandenburg, Mecklenburg-Vorpommern, Niedersachsen, Schleswig-Holstein	Neuhausstr. 9, 19322 Rühstädt	www.flusslandschaft-elbe.de	2759	1997
Hamburgisches Wattenmeer	Hamburg	Nationalparkverwaltung, Stadthausbrücke 8, 20355 Hamburg	www.nationalpark-wattenmeer.de/hh	117	1992
Niedersächsisches Wattenmeer	Niedersachsen	Nationalparkverwaltung, Virchowstr. 1, 26382 Wilhelmshaven	www.nationalpark-wattenmeer.de/nds	2400	1992
Oberlausitzer Heide- und Teichlandschaft	Sachsen	Warthaer Dorfstr. 29, 02694 Malschwitz	www.biosphaerenreservat-oberlausitz.de	301	1996

Name	Bundesland	Anschrift	Internet	Größe (in km²)	UNESCO Aner-kennung
Pfälzerwald-Nordvogesen	Rheinland-Pfalz	Franz-Hartmann-Str. 9, 67466 Lambrecht	www.pfaelzerwald.de	1778	1992
Rhön	Bayern, Hessen, Thüringen	Hessische Verwaltungsstelle Groenhoff-Haus Wasserkuppe, 36129 Gersfeld	http://biosphaerenreservat-rhoen.de	1853	1991
Schaalsee	Mecklenburg-Vorpommern	Amt für das Biosphärenreservat Schaalsee, Wittenburger Chaussee 13, 19246 Zarrentin am Schaalsee	www.schaalsee.de	309	2000
Schleswig-Holsteini-sches Wattenmeer und Halligen	Schleswig-Holstein	Nationalparkverwaltung, Schlossgarten 1, 25832 Tönning	www.nationalpark-wattenmeer.de/sh	4431	1990
Schorfheide-Chorin	Brandenburg	Kulturlandschaft Uckermark e.V., Hoher Steinweg 5–6, 16278 Angermünde	www.schorfheide-chorin-biosphaeren reservat.de	1292	1990
Schwäbische Alb	Baden-Württemberg	Geschäftsstelle Biosphärengebiet Schwäbische Alb beim Regierungs-präsidium Tübingen, Von der Osten Straße 4, 6 (Altes Lager), 72525 Münsingen-Auingen	http://biosphaerengebiet-alb.de	476	1991
Schwarzwald	Baden-Württemberg	Brand 24, 79677 Schönau/ Schwarzwald	www.nationale-naturlandschaften.de/ gebiete/biosphaerengebiet-schwarzwald	632	2016
Spreewald	Brandenburg	Schulstr. 9, 03222 Lübbenau	www.spreewald-biosphaerenreservat.de	101	2014
Südharz, Karstland-schaft	Sachsen-Anhalt	Hallesche Str. 68a, 06536 Südharz-Roßla	www.bioreskarstsuedharz.de	300	noch nicht erfolgt
Südost-Rügen	Mecklenburg-Vorpommern	Amt für das Biosphärenreservat Süd-ost-Rügen, Circus 1, 18581 Putbus	www.biosphaerenreservat-suedostruegen.de	229	1991
Vessertal-Thüringer Wald	Thüringen	Waldstraße 1, 98711 Schmiedefeld am Rennsteig	www.biosphaerenreservat-vessertal.de	171	1979

NATURPARKS IN DEUTSCHLAND

Name	Bundesland	Anschrift	Internet	Größe (in km²)	Grün-dungsjahr
Altmühltal	Bayern	Informationszentrum Naturpark Altmühltal, Notre Dame 1, 85072 Eichstätt	www.naturpark-altmuehltal.de	2962	1969
Arnsberger Wald	Nordrhein-Westfalen	Hoher Weg 1–3, 59494 Soest	www.naturpark-arnsberger-wald.de	482	1961
Augsburg-Westliche Wälder	Bayern	Feyerabendstr. 2, 86830 Schwabmünchen	www.naturpark-augsburg.de	1175	1974
Aukrug	Schleswig-Holstein	Naturschutzring Aukrug e.V., Bargfelder Str. 10 (im Amtsgeb.), 24613 Aukrug	www.naturschutzring-aukrug.de	384	1970
Barnim	Brandenburg, Berlin	Breitscheidstr. 8–9, 16348 Wandlitz	www.barnim-naturpark.de	479	1999
Bayerische Rhön	Bayern	Oberwaldbehrunger Str. 4, 97656 Oberelsbach	www.naturpark-rhoen.de	1245	1967
Bayerischer Spessart	Bayern	Frankfurter Str. 4, 97737 Gemünden a. Main	www.naturpark-spessart.de	1710	1963
Bayerischer Wald	Bayern	Info-Zentrum 3, 94227 Zwiesel	www.naturpark-bayer-wald.de	3008	1967
Bergisches Land	Nordrhein-Westfalen	Zweckverband Naturpark Bergisches Land, Moltkestr. 34, 51643 Gummersbach	www.naturparkbergischesland.de	1917	1973
Bergstraße-Odenwald	Baden-Württemberg, Bayern, Hessen	Nibelungenstr. 41, 64653 Lorsch	www.geo-naturpark.net	3500	1960
Bourtanger Moor-Bargerveen, Internatio-naler Naturpark	Niedersachsen, auch Niederlande	Ordeniederung 2, 49716 Meppen	www.naturpark-moor.eu	140	2006
Dahme-Heideseen	Brandenburg	Arnold-Breithor-Str. 8, 15754 Heidesee	www.dahme-heideseen-naturpark.de	594	1998
Diemelsee	Hessen	Waldecker Str. 12, 34580 Willingen	www.naturpark-diemelsee.de	334	1965

Name	Bundesland	Anschrift	Internet	Größe (in km²)	Gründungsjahr
Drömling	Sachsen-Anhalt	Naturparkverwaltung, Bahnhofstr. 32, 39646 Oebisfelde	www.naturpark-droemling.de	278	1990
Dübener Heide	Sachsen, Sachsen-Anhalt	Verein Dübener Heide e.V., Naturparkbüro Sachsen-Anhalt, Krinaer Str. 2, 06772 Gräfenhainichen	www.naturpark-duebener-heide.com	788	1992
Dümmer	Niedersachsen, Nordrhein-Westfalen	Niedersachsenstr. 2 – Kreishaus, 49356 Diepholz	www.naturpark-duemmer.de	472	1972
Eichsfeld-Hainich-Werratal	Thüringen	Dorfstr. 40, 37318 Fürstenhagen	www.naturpark-ehw.de	870	2012
Elbhöhen-Wendland	Niedersachsen	Naturpark Elbhöhen-Wendland e.V., Königsberger Str. 10, 29439 Lüchow	www.naturpark-elbhoehen-wendland.de	1160	1968
Elm-Lappwald	Niedersachsen	Bahnhofstr. 11, 38300 Wolfenbüttel	www.elm-lappwald.de	470	1976
Erzgebirge/Vogtland	Sachsen	Geschäftsstelle Schlettau, Schlossplatz 8, 09487 Schlettau	www.naturpark-erzgebirge-vogtland.de	1495	1990
Feldberger Seenlandschaft	Mecklenburg-Vorpommern	Strelitzer Str. 42, 17258 Feldberger Seenlandschaft	www.naturpark-feldberger-seenlandschaft.de	345	1997
Fichtelgebirge	Bayern	Naturpark Fichtelgebirge e.V., Jean-Paul-Str. 9, 95632 Wunsiedel	www.naturpark-fichtelgebirge.org	1028	1971
Fläming	Sachsen-Anhalt	Naturpark Fläming e.V., Rotdornstr. 12, 6868 Coswig (Anhalt)	www.naturpark-flaeming.de	824	2005
Frankenhöhe	Bayern	Naturpark Frankenhöhe e.V., Am Kirchberg 4, 91598 Colmberg	www.naturpark-frankenhoehe.de	1105	1974
Frankenwald	Bayern	Naturpark Frankenwald e.V., Güterstr. 18, 96317 Kronach	www.naturpark-frankenwald.de	1022	1971
Fränkische Schweiz-Veldensteiner Forst	Bayern	Forchheimer Str. 1, 91278 Pottenstein	www.naturparkinfo.de	2346	1968
Habichtswald	Hessen	Auf dem Dörnberg 13, 34289 Zierenberg	www.naturpark-habichtswald.de	474	1962
Harz (Mansfelder Land)	Sachsen-Anhalt	Regionalverband Harz e.V., Hohe Straße 6, 06484 Quedlinburg	www.harzregion.de	256	2012
Harz (Niedersachsen)	Niedersachsen	Regionalverband Harz e.V., Hohe Straße 6, 06484 Quedlinburg	www.harzregion.de	790	1960
Harz (Sachsen-Anhalt)	Sachsen-Anhalt	Regionalverband Harz e.V., Hohe Straße 6, 06484 Quedlinburg	www.harzregion.de	1660	2003
Harz (Südharz)	Thüringen	Südharzer Tourismusverband e.V., Bahnhofsplatz 3a, 99734 Nordhausen	www.naturpark-suedharz.de	270	2010
Haßberge	Bayern	Naturpark Haßberge e. V., Am Herrenhof 1, 97437 Haßfurt	www.naturpark-hassberge.de	804	1974
Hessische Rhön	Hessen	Groenhoff-Haus Wasserkuppe, 36129 Gersfeld	www.biosphaerenreservat-rhoen.de	700	1963
Hessischer Spessart	Hessen	Zweckverband Naturpark Hessischer Spessart, Georg-Hartmann-Str. 5–7, 63637 Jossgrund-Burgjoß	www.naturpark-hessischer-spessart.de	729	1962
Hirschwald	Bayern	Naturpark Hirschwald e.V., Hauptstr. 4, 92266 Ensdorf	www.naturparkhirschwald.de	278	2006
Hohe Mark-Westmünsterland	Nordrhein-Westfalen	Naturpark Hohe Mark-Westmünsterland e.V., Hagenwiese 40, 46348 Raesfeld	www.hohemark-westmuensterland.de	1040	1964
Hoher Fläming	Brandenburg	Naturparkzentrum, Brennereiweg 45, 14823 Rabenstein	www.flaeming.net	827	1997
Hoher Vogelsberg	Hessen	Zweckverband Naturpark Hoher Vogelsberg, Karl-Weber-Str. 2, 63679 Schotten	www.naturerlebnis-vogelsberg.de	384	1958
Hohes Venn-Eifel	Rheinland-Pfalz, Nordrhein-Westfalen, auch Belgien	Naturpark Nordeifel e.V. im Deutsch-Belgischen Naturpark Hohes Venn-Eifel, Bahnhofstr. 16, 53947 Nettersheim	www.naturpark-eifel.de	1751	1960

Name	Bundesland	Anschrift	Internet	Größe (in km²)	Gründungsjahr
Holsteinische Schweiz	Schleswig-Holstein	Naturpark Holsteinische Schweiz e.V., Schlossgebiet 9, 24306 Plön	www.naturpark-holsteinische-schweiz.de	753	1986
Hümmling	Niedersachsen	Naturpark Hümmling e.V. Ordeniederung 2, 49716 Meppen	www.huemmling.de	577	2015
Hüttener Berge	Schleswig-Holstein	Hauptstr. 2, 24361 Holzbunge	www.naturpark-huettenberge.de	219	1970
Kellerwald-Edersee	Hessen	Zweckverband Naturpark Kellerwald-Edersee, Laustr. 8, 34537 Bad Wildungen	www.naturpark-kellerwald-edersee.de	406	2001
Kyffhäuser	Thüringen	Barbarossastr. 39a, 06567 Rottleben	www.naturpark-kyffhaeuser.de	305	2008
Lahn-Dill-Bergland	Hessen	Herborner Str. 1, 35080 Bad Endbach	www.lahn-dill-bergland.de	874	2007
Lauenburgische Seen	Schleswig-Holstein	Eigenbetrieb Kreisforsten, Herzogtum Lauenburg, Abteilung Naturpark Lauenburgische Seen, Farchauer Weg 7, 23909 Fredeburg	www.naturpark-lauenburgische-seen.de	474	1960
Lüneburger Heide	Niedersachsen	c/o Landkreis Harburg, Schlossplatz 6, 21423 Winsen (Luhe)	www.naturpark-lueneburger-heide.de	1130	1921
Maas-Schwalm-Nette	Nordrhein-Westfalen, auch Niederlande	Godsweerderstraat 2, NL-6041 GH Roermond, Niederlande	www.naturpark-msn.de	435	1965
Märkische Schweiz	Brandenburg	Lindenstr. 33, 15377 Buckow	www.maerkische-schweiz-naturpark.de	205	1990
Mecklenburgische Schweiz und Kummerower See	Mecklenburg-Vorpommern	Wargentiner Str. 4, 17139 Basedow	www.naturpark-mecklenburgische-schweiz.de	673	1997
Meißner-Kaufunger Wald	Hessen	Zweckverband Naturpark Meißner-Kaufunger Wald, Wolfteroder Str. 4a, 37297 Berkatal-Frankershausen	www.naturparkfrauholle.land	421	1962
Münden	Niedersachsen	Naturpark Münden e.V., Böttcherstr. 3, 34346 Hann. Münden	www.naturpark-muenden.de	374	1959
Nagelfluhkette	Bayern, auch Österreich	Naturpark Nagelfluhkette e.V., Seestr. 10, 87509 Immenstadt	www.nagelfluhkette.info	247	2008
Nassau	Rheinland-Pfalz	Zweckverband Naturpark Nassau, Bachgasse 4, 56377 Nassau	www.naturparknassau.de	590	1963
Neckartal-Odenwald	Baden-Württemberg	Naturpark Neckartal-Odenwald e.V., Kellereistr. 36, 69412 Eberbach	www.naturpark-neckartalodenwald.de	1292	1980
Niederlausitzer Heidelandschaft	Brandenburg	Naturparkhaus, Markt 20, 04924 Bad Liebenwerda	www.naturpark-nlh.de	484	1996
Niederlausitzer Landrücken	Brandenburg	Alte Luckauer Str. 1, 15926 Luckau	www.niederlausitzer-landruecken-naturpark.de	586	1997
Nördlicher Oberpfälzer Wald	Bayern	Naturpark Nördlicher Oberpfälzer Wald e.V., Stadtplatz 38, 92660 Neustadt a.d. Waldnaab	www.naturpark-now.de	1380	1975
Nossentiner/Schwinzer Heide	Mecklenburg-Vorpommern	Ziegenhorn 1, 19395 Plau am See	www.naturpark-nossentiner-schwinzer-heide.de	365	1994
Nuthe-Nieplitz	Brandenburg	Naturparkverwaltung, Beelitzer Str. 24, 14947 Nuthe-Urstromtal	www.naturpark-nuthe-nieplitz.de	623	1999
Obere Donau	Baden-Württemberg	Naturpark Obere Donau e.V., Wolterstr. 16, 88631 Beuron	www.naturpark-obere-donau.de	857	1980
Oberer Bayer. Wald	Bayern	Rachelstr. 6, 93413 Cham	www.naturpark-obw.de	1738	1965
Oberpfälzer Wald	Bayern	Naturpark Oberpfälzer Wald e.V., Wackersdorfer Str. 80, 92421 Schwandorf	http://naturpark.landkreis-schwandorf.de	724	1971
Peenetal, Flusslandschaft	Mecklenburg-Vorpommern	Pasewalker Str. 27 a, 17389 Anklam	www.naturpark-flusslandschaft-peenetal.de	334	2011
Pfälzerwald	Rheinland-Pfalz	Franz-Hartmann-Str. 9, 67466 Lambrecht	www.pfaelzerwald.de	1798	1958
Rhein-Taunus	Hessen	Zweckverband Naturpark Rhein-Taunus, Veitenmühlweg 5, 65510 Idstein	www.naturpark-rhein-taunus.de	808	1968
Rhein-Westerwald	Rheinland-Pfalz	Naturpark Rhein-Westerwald e.V., Dierdorfer Str. 62, 56564 Neuwied	www.naturpark-rhein-westerwald.de	446	1962

Name	Bundesland	Anschrift	Internet	Größe (in km²)	Gründungsjahr
Rheinland	Nordrhein-Westfalen	Zweckverband Naturpark Rheinland, Willy-Brandt-Platz 1, 50126 Bergheim	www.naturpark-rheinland.de	1052	1978
Saale-Unstrut-Triasland	Sachsen-Anhalt	Naturpark Saale-Unstrut-Triasland e.V., Unter der Altenburg 1, 06642 Nebra	www.naturpark-saale-unstrut.de	710	1991
Saar-Hunsrück	Rheinland-Pfalz, Saarland	Naturpark Saar-Hunsrück e.V., Trierer Str. 51, 54411 Hermeskeil	www.naturpark.org	1938	1980
Sauerland Rothaar-gebirge	Nordrhein-Westfalen	Naturpark Sauerland Rothaargebirge e.V., Johannes-Hummel-Weg 2, 57392 Schmallenberg	www.naturpark-sauerland-rothaargebirge.de	3827	2015
Schlaubetal	Brandenburg	Naturschutzstation Wirchensee, 15898 Treppeln	www.schlaubetal-naturpark.de	228	1995
Schlei	Schleswig-Holstein	Naturpark Schlei e.V., Arnisser Str. 12, 24407 Rabenkirchen-Faulück	www.naturparkschlei.de	498	2008
Schönbuch	Baden-Württemberg	Im Schloss, 72074 Tübingen	www.naturpark-schoenbuch.de	156	1972
Schwäbisch-Fränki-scher Wald	Baden-Württemberg	Naturpark Schwäbisch-Fränkischer Wald e.V., Marktplatz 8, 71540 Murrhardt	www.naturpark-sfw.de	904	1979
Schwarzwald Mitte/Nord	Baden-Württemberg	Naturpark Schwarzwald Mitte/Nord e.V., Naturpark-Haus auf dem Ruhestein, Schwarzwaldhochstr. 2, 77889 Seebach	www.naturparkschwarzwald.de	3750	2000
Siebengebirge	Nordrhein-Westfalen	Forsthaus Lohrberg, Löwenburger Str. 2, 53639 Königswinter-Margarethenhöhe	www.naturpark-siebengebirge.de	48	1959
Solling-Vogler	Niedersachsen	Zweckverband Naturpark Solling-Vogler, Wildpark 1, 37603 Holzminden	www.naturpark-solling-vogler.de	527	1966
Soonwald-Nahe	Rheinland-Pfalz	Naturpark Soonwald-Nahe e.V., Salinenstr. 47, 55543 Bad Kreuznach	www.soonwald-nahe.de	736	2005
Stechlin-Ruppiner Land	Brandenburg	Am Friedensplatz 9, 16775 Stechlin	www.stechlin-ruppiner-land-naturpark.de	683	2001
Steigerwald	Bayern	Tourismusverband Steigerwald, Hauptstr. 1, 91443 Scheinfeld	www.steigerwald-info.de	1280	1971
Steinhuder Meer	Niedersachsen	Geschäftsstelle, Höltystr. 17, 30171 Hannover	www.naturpark-steinhuder-meer.de	310	1974
Steinwald	Bayern	Naturpark Steinwald e. V., Geschäftsstelle im Rathaus Fuchsmühl, Rathausplatz 1, 95689 Fuchsmühl	www.naturpark-steinwald.de	246	1970
Sternberger Seenland	Mecklenburg-Vorpommern	Am Markt 1, 19417 Warin	www.naturpark-sternberger-seenland.de	540	2005
Stettiner Haff, Am	Mecklenburg-Vorpommern	Am Bahnhof 4–5, 17367 Eggesin	www.naturpark-am-stettiner-haff.de	537	2005
Stromberg-Heuchel-berg	Baden-Württemberg	Naturpark Stromberg-Heuchelberg e.V., Ehmetsklinge 1, 74374 Zaberfeld	www.naturpark-stromberg-heuchelberg.de	328	1980
Südeifel	Rheinland-Pfalz, auch Luxemburg	Zweckverband Naturpark Südeifel, Auf Omesen 2, 54666 Irrel	www.naturpark-suedeifel.de	432	1958
Südheide	Niedersachsen	Landkreis Celle, Trift 26, 29221 Celle	www.naturpark-suedheide.de	500	1963
Südschwarzwald	Baden-Württemberg	Naturpark Südschwarzwald e.V., Haus der Natur, Dr.-Pilet-Spur 4, 79868 Feldberg	www.naturpark-suedschwarzwald.de	3330	1999
Taunus (Hochtaunus)	Hessen	Zweckverband Naturpark Taunus, Hohemarkstr. 192, 61440 Oberursel	https://naturpark-taunus.de	1348	1962
TERRA.vita	Niedersachsen, Nordrhein-Westfalen	Natur- und Geopark TERRA.vita, Am Schölerberg 1, 49082 Osnabrück	www.geopark-terravita.de	1140	1962
Teutoburger Wald/Eggegebirge	Nordrhein-Westfalen	Felix-Fechenbach-Str. 5, 32756 Detmold	www.naturpark-teutoburgerwald.de	2711	1965
Thüringer Schiefergebirge/Obere Saale	Thüringen	Wurzbacher Str. 16, 07338 Leutenberg	www.thueringer-schiefergebirge-obere-saale.de	873	1990

Name	Bundesland	Anschrift	Internet	Größe (in km²)	Grün-dungsjahr
Thüringer Wald	Thüringen	Naturpark Thüringer Wald e.V., Rennsteigstr., 98678 Sachsenbrunn	www.naturpark-thueringer-wald.eu	2082	1990
Uckermärkische Seen	Brandenburg	Zehdenicker Str. 1, 17279 Lychen	www.uckermaerkische-seen-naturpark.de	897	1997
Unteres Saaletal	Sachsen-Anhalt	Verband Naturpark Unteres Saaletal e.V., Bahnhofstr. 1a, 06406 Bernburg	http://naturpark.unteres-saaletal.de	408	2005
Usedom, Insel	Mecklenburg-Vor-pommern	Bäderstr. 5, 17406 Usedom	www.naturpark-usedom.de	632	1999
Vulkaneifel	Rheinland-Pfalz	Natur- und Geopark Vulkaneifel GmbH, Mainzer Str. 25, 54550 Daun	www.geopark-vulkaneifel.de	980	2010
Weserbergland	Niedersachsen	Geschäftsstelle Landkreis Hameln-Pyrmont, Süntelstr. 9, 31785 Hameln	www.hameln-pyrmont.de/Naturpark_Weserbergland	1116	1975
Westensee	Schleswig-Holstein	Naturpark Westensee e.V., Bahnhofstr. 46a, 24582 Bordesholm	www.naturpark-westensee-obereeider.de	260	1969
Westhavelland	Brandenburg	Dorfstr. 5, 14715 Havelaue	www.westhavelland-naturpark.de	1315	1998
Wildeshauser Geest	Niedersachsen	Zweckverband Naturpark Wildeshauser Geest, Delmenhorster Str. 6, 27793 Wildeshausen	www.wildegeest.de	1554	1984
Zittauer Gebirge	Sachsen	Naturpark Zittauer Gebirge e.V., Naturparkhaus »Niederkretscham«, Hauptstr. 28, 02799 Großschönau	www.naturpark-zittauer-gebirge.de	133	2007

NATIONALPARKS IN ÖSTERREICH

Name	Bundesland	Anschrift	Internet	Größe (in km²)	Grün-dungsjahr
Donau-Auen	Wien, Niederöster-reich, auch Slowakei	2304 Orth/Donau, Schloss Orth	https://www.donauauen.at	93	1996
Gesäuse	Steiermark	Weng 2, 8913 Admont	www.nationalpark.co.at	113	2002
Hohe Tauern	Kärnten, Salzburg, Tirol	Kirchplatz 2, 9971 Matrei in Osttirol	https://hohetauern.at	1856	1981
Kalkalpen	Oberösterreich	Nationalpark Zentrum Molln, Aus-stellung BergWald & WasserSchloss, 4591 Molln, Nationalpark Allee 1	www.kalkalpen.at	208	1997
Neusiedler See - Seewinkel	Burgenland, auch Ungarn	Informationszentrum & Ökopädago-gikzentrum, Hauswiese, 7142 Illmitz	www.nationalpark-neusiedlersee-seewinkel.at	97	1993
Thayatal	Niederösterreich, auch Tschechien	Nationalparkhaus, 2082 Hardegg	www.np-thayatal.at	13	2000

BIOSPHÄRENPARKS IN ÖSTERREICH

Name	Bundesland	Anschrift	Internet	Größe (in km²)	UNESCO Aner-kennung
Großes Walsertal	Vorarlberg	Boden 34, 6731 Sonntag	www.grosseswalsertal.at	192	2000
Salzburger Lungau/ Kärntner Nockberge	Slazburg, Kärnten	Markt 89, 5570 Mauterndorf	www.biosphaerenpark.eu	1490	2012
Wienerwald	Wien, Niederöster-reich	Parkmanagement, Norbertinum-straße 9, 3013 Tullnerbach	www.bpww.at	1056	2005

NATURPARKS IN ÖSTERREICH

Name	Bundesland	Anschrift	Internet	Größe (in km²)	Grün-dungsjahr
Almenland	Steiermark	Fladnitz 100, 8163 Fladnitz/Teichalm	www.almenland.at	253	2006
Blockheide Gmünd-Eibenstein	Niederösterreich	Schremser Straße 6, 3950 Gmünd	www.blockheide.at	1	1964

Name	Bundesland	Anschrift	Internet	Größe (in km²)	Gründungsjahr
Attersee-Traunsee	Oberösterreich	Steinbach 5, 4853 Steinbach am Attersee	www.naturpark-attersee-traunsee.at	77	2012
Buchberg	Salzburg	Hiab 1, 5163 Mattsee	www.naturpark-buchberg.at	0,4	2009
Buchenberg	Niederösterreich	Rösselgraben 15, 3340 Waidhofen/Ybbs	www.tierpark.at, www.naturparke.at/naturparke/niederoesterreich/naturpark-buchenberg	2	1987
Dobersberg	Niederösterreich	Schlossgasse 1, 3843 Dobersberg	www.naturparkdobersberg.at	2	1978
Dobratsch	Kärnten	Klagenfurterstraße 66, 9500 Villach	www.naturparkdobratsch.at	73	2006
Eichenhain	Niederösterreich	Hilbertpromenade 9a, 3400 Maria Gugging	www.naturparke-noe.at/eichenhain	38	1979
Eisenwurzen NÖ	Niederösterreich	Sattel 4, 3343 Hollenstein/Ybbs	www.naturpark-eisenwurzen.at	50	1987
Falkenstein-Schwarzau/Gebirge	Niederösterreich	Markt 60, 2662 Schwarzau im Gebirge	www.naturparke-noe.at/falkenstein-schwarzau-im-gebirge	0,2	1972
Föhrenberge	Niederösterreich	Bahnstraße 2, Zimmer E01, 2340 Mödling	www.naturparke-noe.at/foehrenberge	65	1974
Geras	Niederösterreich	Hauptstraße 1, 2093 Geras	www.naturparkgeras.at	1	1970
Geschriebenstein-Írottkö	Burgenland, auch Ungarn	Bahnhofstraße 2a, 7471 Rechnitz	www.naturpark-geschriebenstein.at	375	1996
Heidenreichsteiner Moor	Niederösterreich	Waidhofener Straße 80, 3860 Heidenreichstein	www.moornaturpark.at	0,3	1989
Hochmoor Schrems	Niederösterreich	Moorbadstraße 4, 3943 Schrems	www.unterwasserreich.at	1	2000
Hohe Wand	Niederösterreich	Kleine Kanzelstraße 241, 2724 Hohe Wand-Maiersdorf	http://naturpark-hohewand.at	23	1973
Jauerling Wachau	Niederösterreich	Maria Laach 46, 3643 Maria Laach	www.naturpark-jauerling.at	116	1983
Kamptal-Schönberg	Niederösterreich	Hauptstraße 36, 3562 Schönberg/Kamp	www.schoenberg.gv.at	15	1986
Karwendel	Tirol	Unterer Stadtplatz 19, 6060 Hall in Tirol	www.karwendel.org	727	2009
Kaunergrat	Tirol	Gachenblick 100, 6521 Fließ	www.kaunergrat.at	53	2003
Landseer Berge	Burgenland	Kirchenplatz 6, 7341 Markt St. Martin	www.landseer-berge.at	67	2000
Leiser Berge	Niederösterreich	Hauptplatz 1, 2115 Ernstbrunn	www.leiserberge.com	40	1970
Mühlviertel	Oberösterreich	Rechberg 9, 4324 Rechberg	www.naturpark-muehlviertel.at	10	1996
Mürzer Oberland	Steiermark	Hauptplatz 9, 8692 Neuberg/Mürz	www.muerzeroberland.at	226	2003
Neusiedler See - Leithagebirge	Burgenland	Am Kellerplatz 1, 7083 Purbach am Neusiedler See	www.neusiedlersee-leithagebirge.at	110	2006
Nordwald Großpertholz	Niederösterreich	Bad Großpertholz 138, 3972 Bad Großpertholz	www.bad-grosspertholz.gv.at	5	1987
Obst-Hügel-Land	Oberösterreich	Kirchenplatz 1, 4076 St. Marienkirchen a.d. Polsenz	www.obsthuegelland.at	26	2005
Ötscher-Tormäuer	Niederösterreich	Langseitenrotte 140, 3223 Wienerbruck	www.naturpark-oetscher.at	160	1970
Ötztal	Tirol	Gurglerstraße 104, 6456 Obergurgl	www.naturpark-oetztal.at	508	2006
Pöllauer Tal	Steiermark	Schlosspark 50, 8225 Pöllau	www.naturpark-poellauertal.at	124	1983
Purkersdorf – Sandstein-Wienerwald	Niederösterreich	Wiener Straße 12/4, 3002 Purkersdorf	www.naturpark-purkersdorf.at	0,8	1975
Raab-Örség-Goričko	Burgenland, auch Ungarn	Kirchenstraße 4, 8380 Jennersdorf	www.naturpark-raab.at	147	1998
Riedingtal	Salzburg	Zederhaus 25, 5584 Zederhaus	www.naturpark-riedingtal.at	27	2002
Rosalia-Kogelberg	Burgenland	Baumgartnerstraße 10, 7021 Draßburg	www.rosalia-kogelberg.at	75	2006
Seebenstein	Niederösterreich	Hauptstraße 1, 2824 Seebenstein	www.seebenstein.gv.at	3,7	1987
Sierningtal-Flatzer Wand	Niederösterreich	Hans-Czettel-Platz 1, 2630 Ternitz	www.naturparke-noe.at/sierningtal-flatzer-wand	15	1978

Name	Bundesland	Anschrift	Internet	Größe (in km²)	Gründungsjahr
Sölktäler	Steiermark	Stein an der Enns 107, 8961 Sölk	www.soelktaeler.at	288	1982
Sparbach	Niederösterreich	Sparbach 6, 2393 Sparbach	www.naturpark-sparbach.at	4	1962
Steirische Eisenwurzen	Steiermark	Markt 35, 8933 St. Gallen	www.eisenwurzen.com	586	1996
Südsteiermark	Steiermark	Grottenhof 1, 8430 Leibnitz	www.naturpark-suedsteiermark.at	380	2001
Tiroler Lech	Tirol	Klimm 2, 6644 Elmen	www.naturpark-tiroler-lech.at	41	2004
Türkensturz	Niederösterreich	Hauptplatz 14, 2831 Scheibling-kirchen	www.naturparke.at/naturparke/nieder oesterreich/naturpark-tuerkensturz	0,9	1987
Weinidylle	Burgenland	Im Weinmuseum 1, 7540 Moschen-dorf	www.naturpark.at	72	1978
Weißbach	Salzburg	Unterweißbach 36, 5093 Weißbach bei Lofer	www.naturpark-weissbach.at	28	2007
Weissensee	Kärnten	Techendorf 90, 9762 Weissensee	www.weissensee.com	67	2006
Wüste Mannersdorf	Niederösterreich	Hauptstraße 48, 2452 Mannersdorf	www.diewuestemannersdorf.at	1	1983
Zillertaler Alpen, Hochgebirgs-Naturpark	Tirol	Ginzling 239, 6295 Ginzling	www.naturpark-zillertal.at	421	2001
Zirbitzkogel-Grebenzen	Steiermark	Perchau 100, 8820 Perchau	www.natura.at	285	1982

NATIONALPARKS UND BIOSPHÄRENRESERVATE IN DER SCHWEIZ

Name	Kanton	Anschrift	Internet	Größe (in km²)	UNESCO Aner-kennung
Entlebuch, Biosphäre	Bern, Luzern	Biosphärenzentrum, Chlosterbüel 28, 6170 Schüpfheim	www.biosphaere.ch	395	2001
Schweizerischer Nationalpark	Graubünden	Schloss Planta-Wildenberg, 7530 Zernez	www.nationalpark.ch	170	1979
Val Müstair	Graubünden	Center da Biosfera, Chasa Cumünala, 7532 Tschierv	www.biosfera.ch	199	2010

REGIONALE NATURPARKS IN DER SCHWEIZ

Name	Kanton	Anschrift	Internet	Größe (in km²)	Gründungsjahr
Aargau, Jurapark	Aargau, Solothurn	Geschäftsstelle, Linn 51, 5225 Bözberg	www.jurapark-aargau.ch	241	2012
Beverin	Graubünden	Center da Capricorns, 7433 Wergenstein	www.naturpark-beverin.ch	412	2013
Binntal	Wallis	Landschaftspark Binntal, Postfach 20, 3996 Binn	www.landschaftspark-binntal.ch	181	2012
Chasseral	Bern, Neuenburg	Place de la gare 2, CP 219, 2610 St-Imier	www.parcchasseral.ch	388	2012
Diemtigtal	Bern	Bahnhofstrasse 20, 3753 Oey	www.diemtigtal.ch	136	2012
Doubs	Jura, Neuenburg, Bern	Place du 23-juin 6, Case postale 316, 2350 Saignelégier	www.parcdoubs.ch	294	2013
Ela	Graubünden	Stradung 11, Im Bahnhof, 7450 Tiefencastel	www.parc-ela.ch	548	2012
Gantrisch	Bern, Freiburg	Schlossgasse 13, 3150 Schwarzen-burg	www.gantrisch.ch	404	2012
Gruyère Pays-d'Enhaut	Freiburg, Waadt	Place du Village 6, 1660 Château-d'Oex	www.gruyerepaysdenhaut.ch	503	2012
Jura vaudois	Waadt	Rte du Marchairuz 2, 1188 St-George	www.parcjuravaudois.ch	531	2013
Pfyn-Finges	Wallis	Kirchstrasse 4, Postfach 65, 3970 Salgesch	www.pfyn-finges.ch	277	2013
Thal	Solothurn	Hölzlistrasse 57, PF 255, 4710 Balsthal	www.naturparkthal.ch	139	2010

REGISTER

BILDNACHWEIS/IMPRESSUM

A = Alamy
C = Corbis
G = Getty Images
L = Laif
M = Mauritius Images

Cover: Vorderseite: Look/HeinzWohner; Rückseite: Look/Konrad Wothe, Look/
Konrad Wothe, Look/Thomas Grundner

S. 2/3 H. & D. Zielske, S. 4/5 Look/age, S. 6/7 M/Rainer Mirau, S. 8/9 M/Christopf Sonderegger, S. 10/11 M/Edwin Stranner, S. 12/13 M/Andreas Jäkel, S. 14 G/Elena Eliachevitch, S. 14 M/Alamy, S. 15 C/Bas Van Den Boogaard, S. 15 G/Dirk Funhoff, S. 15 G/Gerard Soury, S. 15 M/Alamy, S. 15 M/Alamy, S. 16/17 G/Ronald Wittek, S. 17 Look/Konrad Wothe, S. 18/19 Look/Sabine Lubenow, S. 19 Look/Sabine Lubenow, S. 19 M/Uwe Steffens, S. 20 Look/Heinz Wohner, S. 20/21 C/Pete Leonard, S. 20/21 Look/Rainer Mirau, S. 21 M/imagebroker, S. 21 M/imagebroker, S. 22 Look/Olaf Bathke, S. 22 M/United Archives, S. 23 G/Duncan Shaw, S. 23 M/Marcus Siebert, S. 24 M/imagebroker, S. 24 M/imagebroker, S. 24 M/imagebroker, S. 24 M/imagebroker, S. 25 M/Alamy, S. 25 M/Alamy, S. 25 M/Helge Schulz, S. 26/27 M/Karl-Heinz Hänel, S. 27 M/Friedhelm Adam, S. 27 M/United Archives, S. 28/29 C/D. Sheldon, S. 28/29 M/Alamy, S. 30/31 C/Konrad Wothe, S. 31 C/Michael Breuer, S. 32/33 C/Hans P. Szyszka, S. 33 M/imagebroker, S. 34/35 C/Karsten Jeltsch, S. 35 Look/Karl Johaentges, S. 35 Look/Thomas Grundner, S. 36 Look/Ulf Böttcher, S. 36 M/Justus de Cuveland, S. 37 C/David Pattyn, S. 37 C/VCG, S. 37 M/imagebroker , S. 38 Look/Heinz Wohner, S. 39 M/David & Micha Sheldon, S. 39 M/UtArt, S. 39 M/Willi Rolfes, S. 40 Look/Heinz Wohner, S. 41 C/Ciska Castelijns, S. 41 C/Ciska Castelijns, S. 41 C/Silvia Reiche, S. 41 M/imagebroker, S. 42 C/Aad Schenk, S. 43 M/Alamy, S. 44 M/imagebroker, S. 44 M/imagebroker, S. 44 M/imagebroker, S. 44/45 M/Kevin Prönnecke, S. 45 M/Wild Wonders of Europe, S. 45 M/Wild Wonders of Europe, S. 46/47 M/NPL, S. 47 M/NPL, S. 47 M/NPL, S. 47 M/NPL, S. 48 M/ANP Photo, S. 48 M/Erhard Nerger, S. 48 M/Paul van Gaalen, S. 48 M/Willi Rolfes, S. 49 M/Erhard Nerger, S. 49 M/United Archives, S. 50 M/Michael Krabs, S. 50 M/United Archives, S. 50 M/Winfried Wisniewski, S. 51 M/Alamy, S. 51 M/Alamy, S. 51 M/Carola Vahldiek, S. 52 M/Julia Delgado, S. 52 M/Chris Seba, S. 53 M/Alamy, S. 53 M/Chris Seba, S. 53 M/imagebroker, S. 54/55 C/Heinz Kühbauch, S. 55 M/age, S. 56/57 Look/Heinz Wohner, S. 57 G/Norbert Rosing, S. 57 G/Norbert Rosing, S. 57 M/Marcus Siebert, S. 57 M/Willi Rolfes, S. 57 M/Willi Rolfes, S. 58/59 M/imagebroker, S. 59 G/Norbert Rosing, S. 60 M/imagebroker, S. 60 M/Loop RF, S. 61 M/imagebroker, S. 61 M/Kevin Prönnecke, S. 62 C/Ann & Steve Toon, S. 62 C/FotoFealing, S. 62 M/Patrice von Collani, S. 63 C/Alfred & Annaliese Trunk, S. 63 C/Dieter Hopf, S. 63 M/J.W.Alker, S. 64/65 Look/Tina und Horst Herzig, S. 65 Look/Heinz Wohner, S. 65 Look/Heinz Wohner, S. 66/67 Look/Heinz Wohner, S. 67 M/imagebroker, S. 68/69 C/Frank Lukasseck, S. 69 Look/Olaf Bathke, S. 70/71 M/Rainer Mirau, S. 71 G/Andreas Jäkel, S. 72/73 G/Nemo1963, S. 72/73 M/Harald von Radebrecht, S. 74/75 M/Jörn Friederich, S. 75 M/Jörn Friederich, S. 76/77 Look/Rainer Mirau, S. 77 Look/Konrad Wothe, S. 78/79 M/Andreas Vitting, S. 79 Look/Sabine Lubenow, S. 80/81 C/Herbert van der Stok, S. 81 Look/Rainer Martini, S. 82 A/Arco Images , S. 82 M/Volker Lautenbach, S. 82 M/Volker Lautenbach, S. 82 M/Volker Lautenbach, S. 82 M/Volker Lautenbach, S. 82 M/Volker Lautenbach, S. 83 G/Berndt Fischer, S. 83 M/Dietmar Najak, S. 83 M/Rolf E. Kunz, S. 83 M/Siegfried Kuttig, S. 83 M/Siegfried Kuttig, S. 84 C/Frank Sommariva, S. 84 M/Andreas Vitting, S. 85 C/Roel Hoeve, S. 85 M/Alamy, S. 85 M/imagebroker, S. 86 Look/Heinz Wohner, S. 86 M/Willi Rolfes, S. 87 Look/Thomas Grundner, S. 87 M/Andy Rouse, S. 87 M/David & Micha Sheldon, S. 88/89 C/Cornelius Paas, S. 89 C/Do Van Dijck, S. 89 C/Willi Rolfes, S. 89 G/Norbert Rosing, S. 89 G/Norbert Rosing, S. 90/91 Look/Thomas Grundner, S. 91 M/Andreas Vitting, S. 92/93 M/imagebroker, S. 94/95 M/Lothar Steiner, S. 95 M/Justus de Cuveland, S. 96/97 M/Andreas Vitting, S. 96/97 M/Andreas Vitting, S. 97 M/Michael Krabs, S. 97 M/United Archives, S. 98/99 M/Catharina Lux, S. 99 M/Catharina Lux, S. 100 Look/Thomas Grundner, S. 101 M/Alamy, S. 102 Look/Ulf Böttcher, S. 102 M/Alamy, S. 103 Look/Holger Leue, S. 103 M/imagebroker, S. 104/105 H. & D. Zielske, S. 105 H. & D. Zielske, S. 105 Look/TerraVista, S. 106 Look/Thomas Grundner, S. 106 Look/Ulf Böttcher, S. 107 C/Michael Breuer, S. 107 M/Andreas Jäkel, S. 107 M/Garden World Images, S. 107 M/United Archives, S. 108 M/ANP Photo, S. 109 C/D. Sheldon, S. 110 M/Alamy, S. 110 M/David & Micha Sheldon, S. 111 M/Alamy, S. 111 M/Alamy, S. 111 M/Alamy, S. 111 M/imagebroker, S. 112 M/imagebroker, S. 112 M/imagebroker, S. 113 M/Alamy, S. 113 M/Andy Trowbridge, S. 113 M/Loic Poidevin, S. 114/115 Look/Juergen Richter, S. 115 M/Alamy, S. 115 M/imagebroker, S. 115 M/imagebroker, S. 115 M/imagebroker, S. 116 M/Andreas Vitting, S. 116 M/Kevin Prönnecke, S. 117 M/

Steve Simon, S. 117 M/Wilfried Martin, S. 118/119 Look/Andreas Strauß, S. 120/121 M/Steve Simon, S. 121 M/Dave Derbis, S. 122/123 M/Andreas Vitting, S. 122/123 M/Decode, S. 124/125 M/Alamy, S. 125 M/Alamy, S. 125 M/imagebroker, S. 125 M/imagebroker, S. 126/127 C/Andreas Jäkel, S. 128/129 G/Michele Falzone, S. 130/131 C/Picture Hooked, S. 131 C/Thomas Marent, S. 131 M/imagebroker, S. 132 G/Gerhard Schulz, S. 133 Look/age, S. 134 M/Alamy, S. 134/135 M/Bernd Bieder, S. 135 M/Alamy, S. 136 M/Alamy, S. 136 M/ANP Photo, S. 136 M/Christophe Brochard, S. 136 M/Christophe Brochard, S. 137 C/Frans van Boxtel, S. 137 M/Hans Lang, S. 137 M/Marcus Siebert, S. 137 M/Steve Young, S. 138/139 H. & D. Zielske, S. 139 Look/Heinz Wohner, S. 140/141 M/imagebroker, S. 141 G/Norbert Rosing, S. 141 M/imagebroker, S. 141 M/imagebroker, S. 142/143 M/Helmut Hess, S. 143 M/imagebroker, S. 144/145 M/imagebroker, S. 145 M/imagebroker, S. 146/147 M/Andreas Vitting, S. 147 M/Harald von Radebrecht, S. 147 M/Novarc, S. 148/149 Look/Heinz Wohner, S. 149 Look/Heinz Wohner, S. 150/151 Look/Heinz Wohner, S. 151 M/imagebroker, S. 151 M/imagebroker, S. 152/153 M/Minden Pictures, S. 153 M/J & C Sohns, S. 154 M/Alamy, S. 154 M/Günter Rossenbach, S. 155 M/Radius Images, S. 155 M/Radius Images, S. 156/157 M/Norbert Probst, S. 158/159 Look/Heinz Wohner, S. 159 M/Alamy, S. 160/161 Look/Heinz Wohner, S. 160/161 M/Alamy, S. 161 M/Jens Schmitz, S. 161 M/Jens Schmitz, S. 161 M/Jens Schmitz, S. 161 M/Thomas Will, S. 162/163 M/Alamy, S. 163 Look/Brigitte Merz, S. 163 Look/Heinz Wohner, S. 164/165 M/age, S. 166 Look/Heinz Wohner, S. 166 M/Andreas Keil, S. 166 M/Andreas Keil, S. 167 Look/Heinz Wohner, S. 167 M/A.v.Düren, S. 167 M/A.v.Düren, S. 167 M/Alamy, S. 168/169 M/Andreas Keil, S. 168/169 M/Horst Jegen, S. 169 M/Andreas Keil, S. 170/171 M/imagebroker, S. 171 Look/Brigitte Merz, S. 172/173 M/imagebroker, S. 172/173 M/imagebroker, S. 173 Look/Brigitte Merz, S. 173 M/Philippe Clement, S. 174 M/imagebroker, S. 174 M/imagebroker, S. 174 M/imagebroker, S. 174 M/imagebroker, S. 175 M/Creativ Studio Heinemann, S. 176/177 G/Andy Brandl, S. 177 Look/Florian Werner, S. 178/179 M/Markus Lange, S. 179 M/Andreas Keil, S. 180/181 M/imagebroker, S. 181 M/imagebroker, S. 182 M/Alamy, S. 182 M/Alamy, S. 182 M/Alamy, S. 183 Look/Holger Leue, S. 183 M/Alamy, S. 183 M/Alamy, S. 183 M/Alamy, S. 184 C/Hans P. Szyszka, S. 185 Look/Tobias Richter, S. 186/187 H. & D. Zielske, S. 187 Look/Heinz Wohner, S. 187 Look/Heinz Wohner, S. 188/189 H. & D. Zielske, S. 189 Look/age, S. 189 M/Alamy, S. 189 M/Alamy, S. 189 M/Chris Seba, S. 190/191 C/Frank Lukasseck, S. 192 G/Raimund Linke, S. 192 Look/Heinz Wohner, S. 192 M/Ottfried Schreiter, S. 193 G/Raimund Linke, S. 193 M/imagebroker, S. 194 M/Radius Images, S. 195 M/Michael Breuer, S. 195 M/Westend61, S. 196/197 M/Martin Siepmann, S. 197 M/K. Schlierbach, S. 197 M/K. Schlierbach, S. 197 M/Novarc, S. 198 G/Coelum et Terra, S. 198 M/Markus Lange, S. 199 Look/Karl Johaentges, S. 199 M/imagebroker, S. 199 M/imagebroker, S. 199 M/Stefan Schurr, S. 200/201 M/Christoph Eberle, S. 202/203 M/imagebroker, S. 204/205 M/imagebroker, S. 205 M/Westend61, S. 206/207 C/Klaus Echle, S. 208 M/Alamy, S. 208 M/Daniel Schoenen, S. 209 M/Lilly, S. 209 M/Steffen Beuthan, S. 210/211 Look/Heinz Wohner, S. 211 Look/Brigitte Merz, S. 212 M/imagebroker, S. 213 Look/TerraVista, S. 214/215 M/Andreas Vitting, S. 215 Look/Daniel Schoenen, S. 216 Look/Brigitte Merz, S. 217 Huber/Mehlig, S. 218/219 Look/Daniel Schoenen, S. 220/221 Look/age, S. 222/223 M/Bernd Zoller, S. 223 M/age, S. 223 M/imagebroker, S. 223 M/imagebroker, S. 224/225 M/Westend61, S. 225 M/Alamy, S. 226/227 M/imagebroker, S. 227 Look/Heinz Wohner, S. 227 M/imagebroker, S. 228/229 C/Raimund Linke, S. 229 C/D. Sheldon, S. 229 M/Alamy, S. 229 M/Bernd Zoller, S. 230 L/Markus Mauthe, S. 230 M/ib, S. 231 M/Alamy, S. 231 M/Malcolm Schuyl, S. 232/233 M/Martin Siepmann, S. 234/235 M/Martin Siepmann, S. 235 M/Martin Siepmann, S. 236/237 L/Andreas Hub, S. 236/237 Look/age, S. 237 C/Jochen Schlenker, S. 237 M/Radius Images, S. 237 M/Radius Images, S. 238/239 M/Gerard Lacz, S. 239 M/Martin Siepmann, S. 240/241 Look/age, S. 241 C/Stephen Dalton, S. 242 M/David & Micha Sheldon, S. 242 M/Westend61, S. 243 M/age, S. 243 M/Alamy, S. 244/245 C/Martin Apelt, S. 245 C/Jochen Schlenker, S. 245 G/Wolf-Gallery, S. 246/247 M/imagebroker, S. 247 M/Martin Siepmann, S. 248/249 G/Frank Rothe, S. 249 G/David & Micha Sheldon, S. 249 G/Fotofeeling, S. 249 G/S-eyerkaufer, S. 250/251 G/Westend61, S. 251 G/Westend61, S. 251 M/Dr. Wilfried Bahnmuller, S. 252/253 Look/age, S. 253 C/Fritz Polking, S. 254/255 G/Norbert Rosing, S. 255 G/Norbert Rosing, S. 255 G/Norbert Rosing, S. 255 Look/age, S. 256/257 C/Christina Krutz, S. 257 G/David & Micha Sheldon, S. 257 G/Fritz Polking, S. 257 G/Norbert Rosing, S. 257 G/Sergio Pitamitz, S. 258/259 Look/Heinz Wohner, S. 259 Look/Heinz Wohner, S. 259 Look/Heinz Wohner, S. 260 M/Alamy, S. 260 M/Alamy, S. 260 M/Alamy, S. 260/261 Look/Andreas Strauss, S. 261 M/Alamy, S. 261 M/Alamy, S. 261 M/Bernd Römmelt, S. 261 M/Bruno Kickner, S. 261 M/Robert Seitz, S. 262/263 Look/Andreas Strauss, S. 264 G/Westend61, S. 265 M/

Alamy, S. 266/267 Look/Florian Werner, S. 268/269 Look/Florian Werner, S. 269 M/Alamy, S. 269 M/Alamy, S. 270/271 Look/Reinhard Dirscherl, S. 271 M/Dieter Heinemann, S. 271 M/Martin Siepmann, S. 272/273 M/Hans Lippert, S. 273 M/Christian Zappel, S. 273 M/Christian Zappel, S. 273 M/Udo Siebig, S. 274/275 G/Michael Fellner, S. 275 G/Wilfried Krecichwost, S. 276 Look/Florian Werner, S. 277 Look/Florian Werner, S. 277 M/Andreas Vitting, S. 278/279 M/Christian Bäck, S. 279 Look/Konrad Wothe, S. 279 Look/Thomas Stankiewicz, S. 280/281 M/Klaus Scholz, S. 281 Look/Florian Werner, S. 282/283 Look/Andreas Strauß, S. 283 Look/Andreas Strauß, S. 284/285 Look/Florian Werner, S. 285 Look/Andreas Strauß, S. 285 Look/Florian Werner, S. 286/287 Look/Florian Werner, S. 288/289 Look/Florian Werner, S. 289 Look/Andreas Strauß, S. 289 Look/Andreas Strauß, S. 290/291 G/F Pritz, S. 291 Look/Heinz Wohner, S. 292 G/Andreas Strauss, S. 292 Look/Jan Greune, S. 293 C/Martin Ruegner, S. 293 Look/Heinz Wohner, S. 294/295 M/Rainer Mirau, S. 296 M/Alamy, S. 296 M/Martin Rugner, S. 296 M/Sonja Jordan, S. 296 M/Valentin Heimer, S. 297 M/Bildverlag Bahnmuller, S. 297 M/Friedhelm Adam, S. 297 M/Günter Flegar, S. 297 M/Günter Flegar, S. 297 M/Günter Flegar, S. 298/299 M/Rainer Mirau, S. 299 M/Kurt Kracher, S. 299 M/Kurt Kracher, S. 299 M/Kurt Kracher, S. 299 M/Kurt Kracher, S. 299 M/Kurt Kracher, S. 299 M/Kurt Kracher, S. 299 M/Kurt Kracher, S. 299 M/Kurt Kracher, S. 299 M/Kurt Kracher, S. 300/301 G/Günter Flegar, S. 301 C/Sonja Jordan, S. 301 M/Rainer Mirau, S. 302/303 M/Christian Handl, S. 303 M/Christian Handl, S. 303 M/Karin Rollett-Vlcek, S. 303 M/Karin Rollett-Vlcek, S. 303 M/Karin Rollett-Vlcek, S. 303 M/Karin Rollett-Vlcek, S. 304/305 M/Marco Romani, S. 305 C/Silvia Reiche, S. 305 C/Silvia Reiche, S. 305 C/Silvia Reiche, S. 305 C/Silvia Reiche, S. 305 C/Silvia Reiche, S. 305 C/Silvia Reiche, S. 305 Look/age, S. 306/307 M/Mikolaj Gospodarek, S. 307 M/Stefan Hefele, S. 308/309 G/Ellen van Bodegom, S. 309 M/Patrick Frischknecht, S. 309 M/Gerhard Wild, S. 309 M/Wolfgang Weinhäupl, S. 310 M/Martin Zwick, S. 310 M/Martin Zwick, S. 310 M/Martin Zwick, S. 311 M/Martin Zwick, S. 311 M/Volker Preusser, S. 312/313 M/Günter Grüner, S. 313 M/Günter Grüner, S. 313 M/Günter Grüner, S. 313 M/Günter Grüner, S. 314 M/Reinhard Hölzl, S. 314 M/Reinhard Hölzl, S. 314 M/Reinhard Hölzl, S. 314/315 G/Dieter Meyrl, S. 315 M/Edwin Stranner, S. 315 M/Reinhard Hölzl, S. 316/317 C/Michael Rucker, S. 317 Look/Konrad Wothe, S. 318 G/Wingmar, S. 318 M/Michaela Walch, S. 319 G/Wingmar, S. 319 M/Michaela Walch, S. 320/321 M/Alex Hyde, S. 321 M/Dieter Herrmann, S. 321 M/Reinhard Hölzl, S. 321 M/Reinhard Hölzl, S. 321 M/Stefan Schurr, S. 322/323 Look/Andreas Strauß, S. 323 M/Peter Lehner, S. 323 M/Stefan Schurr, S. 323 M/Stefan Schurr, S. 324 M/Günter Lenz, S. 324 M/Reinhard Hölzl, S. 325/326 M/Reinhard Hölzl, S. 326/327 M/Ludwig Mallaun, S. 328 G/Patrick Frischknecht, S. 328 M/Dietmar Walser, S. 329 Look/age, S. 329 M/Martin Siepmann, S. 329 M/Martin Siepmann, S. 329 M/Martin Siepmann, S. 330 M/Ernst Wrba, S. 330/331 M/Rainer Mirau, S. 331 M/AIC, S. 331 M/AIC, S. 331 M/Ernst Wrba, S. 332/333 G/Westend61, S. 334 G/Chiara Salvadori, S. 334 M/Bernd Römmelt, S. 334 M/Bernd Römmelt, S. 335 M/Alessandra Sarti, S. 335 M/Bernd Römmelt, S. 336/337 M/Reinhard Marscha, S. 337 M/Alamy, S. 337 M/Alamy, S. 337 M/Alamy, S. 337 M/Alamy, S. 338/339 G/Michele Falzone, S. 340 M/Roland Gerth, S. 340 M/Slawek Staszczuk, S. 341 M/Alamy, S. 341 M/Roland Gerth, S. 342 M/Markus Bolliger, S. 342 M/Rolf E.Kunz, S. 342 M/Christopf Sonderegger, S. 342 M/Raphael Weber, S. 343 M/Alamy, S. 343 M/Roland Gerth, S. 344/345 M/Daniel Bärtschi, S. 345 M/Roland Gerth, S. 345 M/Roland Gerth, S. 346/347 M/Alamy, S. 347 M/Patrick Frischknecht, S. 347 M/Roland Gerth, S. 347 M/Roland Gerth, S. 347 M/Roland Gerth, S. 348/349 M/Rainer Mirau, S. 349 M/Alamy, S. 349 M/Alamy, S. 349 M/David & Micha Sheldon, S. 349 M/Stefan Huwiler, S. 349 M/Thomas Marent, S. 350 M/Patrick Frischknecht, S. 350/351 M/Alamy, S. 351 G/Samuel Gachet, S. 352/353 M/Alamy, S. 353 G/Panoramic Images, S. 354 G/Federica Grassi, S. 354 G/Frank Lukasseck, S. 354 G/Frank Lukasseck, S. 354/355 M/Alamy, S. 355 M/P. Kaczynski, S. 356 G/Reto Puppetti, S. 356 G/Stefan Huwiler, S. 356 G/Stefan Huwiler, S. 357 G/Stefan Huwiler, S. 357 M/Stefan Huwiler, S. 358/359 G/Claude-Olivier Marti, S. 358/359 G/Rob Kints, S. 359 G/Simon Brown, S. 359 M/Alamy, S. 359 M/Alessandro Staehli, S. 359 M/Gaby Wojciech, S. 360/361 M/Alamy, S. 361 G/Ketkarn Sakultap, S. 362/363 G/Murat Taner, S. 363 M/Alex Hyde, S. 363 M/Alex Hyde, S. 364/365 G/Frank Lukasseck, S. 365 M/Roland Gerth, S. 366 M/Patrick Frischknecht, S. 366 M/Roland Gerth, S. 367 M/Patrick Frischknecht, S. 367 M/Roland Gerth, S. 368/369 G/Dirk Steuerwald, S. 369 M/P. Kaczynski, S. 369 M/Stefano Caldera, S. 370 M/Stefan Hefele, S. 370/371 M/Patrick Frischknecht, S. 372/373 M/Alamy, S. 373 C/PhotoFVG, S. 373 G/John Cancalosi, S. 373 M/Alamy, S. 373 M/Alamy, S. 373 M/Alamy, S. 373 M/Alamy, S. 373 M/Michael Dietrich.

Genehmigte Sonderausgabe 2018 für Reader's Digest
Deutschland, Schweiz, Österreich
Verlag Das Beste GmbH Stuttgart, Zürich, Wien

© 2018 Kunth Verlag GmbH & Co KG, München
St.-Cajetan-Straße 41, 81669 München
Tel. +49 89 45 80 20-0
www.kunth-verlag.de
info@kunth-verlag.de

ISBN 978-3-95619-314-9
Printed in Slovakia

Besuchen Sie uns im Internet
readersdigest-verlag.de | readersdigest-verlag.ch | readersdigest-verlag.at

Texte: Attila Elitez, Linda Freutel, Karolin Küntzel, Iris Ottinger, Christa Pöppelmann